COLLECTION PHILOLOGIQUE

RECUEIL

DE TRAVAUX ORIGINAUX OU TRADUITS

RELATIFS A LA

PHILOLOGIE & A L'HISTOIRE LITTÉRAIRE

AVEC UN AVANT-PROPOS

DE M. MICHEL BRÉAL.

DEUXIÈME FASCICULE

PARIS

LIBRAIRIE A. FRANCK

67, RUE RICHELIEU, 67

1868

DICTIONNAIRE

DES DOUBLETS

OU

DOUBLES FORMES

DE

LA LANGUE FRANÇAISE

PAR Auguste BRACHET.

PARIS

LIBRAIRIE A. FRANCK

67, Rue Richelieu, 67

——

1868.

DU MÊME AUTEUR :

GRAMMAIRE HISTORIQUE DE LA LANGUE FRANÇAISE. — Paris, Hetzel, 1867. In-18.

ÉTUDE SUR BRUNEAU DE TOURS, TROUVÈRE DU XIIIᵉ SIÈCLE. — Paris, Franck, 1863. In-8°.

DU RÔLE DES VOYELLES LATINES ATONES DANS LES LANGUES ROMANES. — Leipzig. Brockhaus, 1866.

LES UNIVERSITÉS ALLEMANDES ET LES FACULTÉS FRANÇAISES, ÉTUDES SUR LES RÉFORMES DE L'ENSEIGNEMENT SUPÉRIEUR (en préparation).

TABLE DES MATIÈRES

On appelle *doublets* les doubles dérivations d'un même
mot (telles que *raison* et *ration*, venant l'un et l'autre de
rationem), qui répondent d'ordinaire à deux âges différents
dans l'histoire de notre langue, et auxquelles l'usage a
attribué, malgré leur communauté d'origine, des sens
distincts et spéciaux. Ce nom [1] leur fut donné au XVIIe siècle
par un conseiller au présidial de Bourges, Nicolas Catherinot,
qui, le premier, observa un certain nombre de ces doublets,
et en publia en 1683, une liste fort incomplète [2] sans pouvoir
donner les raisons de ce singulier phénomène. Depuis le
XVIIe siècle, une science nouvelle est née; la philologie
comparée a constaté que les mots ont une croissance et
une histoire, qu'ils subissent, comme les plantes et les
animaux, des transformations régulières, enfin que là comme
partout la loi règne, et qu'on peut sûrement formuler des
règles de dérivation d'une langue à l'autre : nous avons

1. Butet rejette le mot *doublet*, et appelle plus justement cos doubles
formes *dérivations divergentes*, comme l'a fait observer M. Egger dans les
Mémoires de l'Académie des inscriptions (XXIV, 2e p., p. 53).

2. LES DOUBLETS DE LA LANGUE FRANÇOISE, *par Nicolas Catherinot,
avocat du roi et son conseiller au présidial de Bourges.* — Bourges, 1683;
in-4°. — Voyez à l'Appendice page 47 l'analyse de ce livre,

exposé d'ailleurs(¹) les traits principaux de cette histoire naturelle du langage (du moins en ce qui concerne la langue française); pour l'étude qui nous occupe, ils fournissent à l'observateur des secours inattendus; armé de ce microscope puissant, nous avons pu non-seulement constater l'existence d'un nombre de doublets très-supérieur à celui qu'avait réuni Catherinot(²), mais donner les causes de ce phénomène et en expliquer l'origine.

Notre langue, comme chacun sait, n'est point une création coulée d'un seul jet; elle comprend trois idiomes distincts, ou mieux trois couches de mots superposées : un fonds d'*origine populaire*, et qui était complètement achevé à la fin du xiie siècle; un fonds d'*origine savante*, composé de tous les mots directement empruntés par les savants aux langues classiques; enfin un fonds d'*origine étrangère*, comprenant tous les mots venus des langues modernes, par exemple de l'italien au xvie siècle, de l'espagnol au xviie, de l'anglais au xixe. — Cette division sert naturellement de base à l'étude des doublets; un radical latin donne au français un doublet si ce radical a produit dans notre langue deux mots, l'un d'origine populaire, l'autre d'origine savante; ainsi de *rationem*, le peuple fit *raison*, les savants *ration;* — il y a encore doublet lorsqu'à côté d'un mot français d'origine populaire vient se placer un mot d'importation étrangère, provenant du même radical que le mot français : ainsi le latin *cantata* devient en français *chantée*, en italien *cantata;* au xviie siècle, l'italien *cantata* passe les monts avec Lulli et donne à notre langue le mot *cantate : chantée* et *cantate*, provenant (la linguistique nous le montre) du même radical, forment un doublet. —

1. Dans notre *Grammaire historique de la Langue française*. Paris, Hetzel, 1867.

2. Le présent travail en contient plus de huit cents; celui de Catherinot cent soixante.

Enfin, il y a encore doublet, lorsqu'un même radical donne au français deux dérivés d'origine populaire ; ainsi *campus* a donné à la fois *camp* et *champ* ; *plicare* a fait en même temps *plier* et *ployer ;* on verra plus loin l'origine de ces doubles traductions populaires, qui sont à proprement parler les véritables doublets.

En résumé, on peut assigner à la production des doublets trois causes : ils peuvent être soit d'origine *savante,* soit d'origine *populaire,* soit d'origine *étrangère.*

OBSERVATIONS PRÉLIMINAIRES :

Avant d'aborder l'étude de ces trois catégories, il convient de faire les réserves suivantes :

1º Pour obtenir un champ d'observation très-exactement limité, et étudier le sujet sous toutes ses faces, nous écartons : les doublets des noms propres d'hommes (¹) ou de villes(²) ; les doublets de l'ancien français ; nous proposant seulement de donner la liste des doublets du français *moderne*(³).

2º L'étude des doublets étant la constatation d'une irrégularité, la comparaison avec les doublets des autres langues romanes est ici superflue et stérile : la comparaison sert à découvrir ou à confirmer la persistance d'un phénomène ; est-on plus avancé quand on sait que *viáticum* donne en français *voyage* chez le peuple, *viatique* chez les

---

1. Tels que *Jacobus* qui a donné à la fois *Jacques* et *Jacob ; Maximinus* d'où sont venus *Mesmin* et *Maximin ; Radulphus* qui a formé *Raoul* et *Rodolphe,* etc.

2. Tels que *Colonia* qui donne *Cologne* et *Coulange ; Sabiniacum* qui devient, suivant les provinces, *Savignac, Savigny, Sévigné,* etc.

3. Bien que nous ayons réuni, comme on le verra plus loin, un grand nombre de doublets de l'ancien français, nous ne les avons point admis dans le corps du texte, parce qu'il est impossible d'être complet en cette matière dans l'état actuel des études sur le vieux français, et dans l'ignorance où nous sommes des anciens dialectes de la langue d'oïl.

savants; en italien *viaggio* chez le peuple, *viático* chez les savants; en espagnol *viaje* et *viático* : quelle loi en peut-on induire? On fera utilement cinq dictionnaires des doublets des cinq langues romanes ; (il ne saurait y avoir un dictionnaire comparé des doublets romans) ?

3° Pour ne point grossir cette liste outre mesure, nous ne citons en général que les radicaux, et nous laissons de côté es dérivés et les composés (1).

4° Le présent travail a pour but de donner une liste aussi complète que possible des doublets français, et de montrer en même temps à quelle cause ils doivent naissance. Ce point éclairci, reste à donner la date au moins approximative de l'entrée de chaque doublet dans la langue; je remets à un autre moment cette œuvre difficile.

5° La présente liste ne comprend que les doublets proprement dits, c'est-à-dire les doubles dérivations d'un même mot. — Quant aux doubles formes telles que « *lectionem*, leçon — (è)*lection*, » dans lesquelles le radical, devenu doublet en français, ne reste dans un des membres qu'à l'état de composé ou de dérivé, nous ne les avons point admises. Nous avons également exclu les simples variétés orthographiques telles que *lis* et *lys, sofa* et *sopha, pacha* et *bacha, vacant* et *vaquant*, etc... Le doublet, étant par sa définition, la bifurcation d'un mot, on ne peut rapprocher que les mots d'origine identique : *volaille* (volatilia), *poitrail* (pectoraculum), *ancêtre* (antecessor), *bec* (beccus), *troublant* (turbulantem), *aumaille* (animalia), *bétail* (bestialia), *lumière* (luminaria), *cor* (cornu), *alun* (alumen), *feuille* (folia), ne peuvent former de doublet avec *volatile* (volatilis), *pectoral* (pectorale), *antécesseur* (antecessorem), *bêche* (becca), *turbulent* (turbulentem), *corne* (cornua), *animal* (animal), *bestial* (bestiale), *luminaire* (luminare), *alumine* (aluminis), *folio* (folio).

1. *Moule-module* nous dispensent de citer *mouler-moduler*.

PARTIE I.

DOUBLETS D'ORIGINE SAVANTE.

antíphona, antienne-antiphone.

ángelus, ange-angelus.

apprehéndere, apprendre-appré-hender.

alba, aube-album ([1]).

basílica, basoche-basilique.

canónicus, chanoine-canonique.

cancer, chancre-cancer.

chórus, chœur-chorus.

clássicum, glas-classique.

clavícula, cheville-clavicule.

colligere, cueillir-colliger.

cómputus, compte-comput.

cópula, couple-copule.

cóphinus, coffre-coffin.

cucúrbita, gourde ([2])-cucurbite.

cúmulus, comble - combre ([3]) - cumul.

dáctylus, datte-dactyle.

débitum, dette-débit.

décima, dîme-décime.

décorum, décor-decorum.

dictum, dit-dicton.

dúctilis, douille-ductile.

exámen, essaim-examen.

explícitus, exploit-explicite.

exprímere, épreindre-exprimer.

fábrica, forge-fabrique.

factum, fait-factum.

féria, foire-férie.

frágilis, frêle-fragile.

frémere, freindre-frémir.

à l'origine, et qui respectait l'accent latin, donna lieu à un grand nombre de doublets de ce genre : *affliger, adultère, albumine, aspic, aride, calomnie, caractère, cellule, cithare, cymbale, dalmatique, débile, déprimer, domestique, épidémie, esprit, extorquer, étymologie, facteur, fistule, glandule, habile, hérétique, hernie, lecteur, lunatique, martyre, maxime, minime, rapide, rustique, symphonie, utile, véronique,* etc., étaient en vieux français : *afflire* (affligere), *avoutre* (adúlter), *aubun* (albúmen), *aspe* (áspis), *are* (áridus), *chalenge* (calúmnia), *caraus* (cha-rácter), *ciaule* (céllula), *cidre* (cithara), *cymble* (cýmbalum), *daumique* (dalmática), *dieble* (débilis), *depreinre* (deprímere), *domesche* (doméstieus), *ypidème* (épidémia), *espir* (spíritus), *estordre* (extórquere), *étymologe* (étymológia), *faitre* (factorem), *fesle* (fistula), *glandre* (glándula), *hable* (hábilis, dans Ducange v° *habilius*), *erège* (herélicus), *hargne* (hérnia), *litre* (léctor), *lunage* (lunáticus), *martre* (mártyr), *mesme* (máxima), *merme* (mínima), *rade* (rapidus), *ruste* (rústicus), *chifoine* (symphónia), *utle* (útilis), *veroine* (verónica), etc... Beaucoup de ces mots n'ont point coexisté dans la langue; mais nous les citons pour opposer l'une à l'autre les formes spontanées et les formes savantes.

1. *Aube* et *album* ne sont point un doublet véritable, l'un dérivant d'*album,* l'autre d'*alba :* on peut cependant les considérer comme tels, puisqu'ils ne diffèrent que par la finale; au contraire *pâtre* et *pasteur* ne peuvent former un doublet; dans chacun d'eux, la place de l'accent est différente : l'un vient de *pastórem,* l'autre de *pástor.*

2. Par la chute du *c* médian : *cu(c)urbita,* comme le prouve le vieux français *gouourde.*

3. Dans les composés *encombre, décombre,* etc.

imprimere, empreindre-imprimer
mácula, maille-macule.
magister, maître-magister.
major, maire-major.
medium, mi-médium (¹).
mobilis, meuble-mobile.
módulus, moule-module.
númerus, nombre-numéro.
órganum, orgue-organe.
papyrus, papier-papyrus.
parábola, parole-parabole.
náusea (Diez), noise-nausée.
pensum, poids-pensum.
phantasticus, fantasque (²)-fantastique.
plácet, plait-placet.
plácitum, plaid-placite.
plátanus, plane-platane.

polýpticum, pouillé-polyptique(³)
pólypus, poulpe-polype.
pórticus, porche-portique.
présbyter, prêtre-presbytère.
quadragésima, carême-quadragésime.
ranúncula, grenouille-renoncule.
rigidus, roide-rigide.
rótulus, rôle-rotule.
sarcóphagus, cercueil - sarcophage (⁴).
scándalum, esclandre-scandale.
sépia, seiche-sépia.
sólidus, sou-solide (⁵).
spátula, épaule-spatule.
spínula, épingle-spinule.
súrgere, sourdre-surgir.
tépidus, tiède-tépide.

1. Une autre forme plus correcte est *miège*, terme de droit coutumier signifiant *moitié*.

2. La véritable forme serait *fantasche*.

3. M. Diez pense que *police* (au sens de contrat d'assurances), ne vient pas de πολίτεια, mais de *polyptychum*.

4. *Sarcóphagus* a donné directement le vieux français *sarcou*.

5. La vraie forme de *solidus* est le vieux français *soli*, correspondant à l'italien *soldo*, à l'espagnol *sueldo*. Je passe sous silence les deux formes *aveindre-avenir* et *bréviaire-brimborion*, qui sont fort problématiques en tant que doublets; si *aveindre* vient d'*abemere* (gemere =*geindre*), il n'a plus de rapport avec *avenir* (*advenire*); quant à *brimborion*, il est très-improbable que ce mot soit une prononciation corrompue de *breviarium*: cependant cette étymologie a pour elle deux passages d'auteurs du XVI° siècle où l'on voit qu'un *prêtre disait ses brimborions* (pour *lisait son bréviaire*). Voyez Calvin, *Institution de la Religion chrétienne*, 875, et Pasquier, *Recherches*, VIII, 754. — Quant au doublet *pilula*, perle-pilule, il est douteux, *perle* venant plutôt du bas-latin *perula* (Gloses d'Isidore), corruption du latin *pirula* (de *pirum*), étymologie confirmée par le portugais *perula*, italien, espagnol *perla*. — Notons encore la double forme *canicula*, chenille-canicule, pour la discussion de laquelle je renvoie le lecteur à l'*Histoire de la Langue française* de M. Littré (II, 125). — De *sápidus*, les savants ont fait *sapide*, tandis que le peuple avait fait *sade*, resté dans *maussade* (mali-sapidus).

tíbia, tige-tibia.
týmpanum, timbre-tympan.
viáticum, voyage-viatique.

vígilia, veille-vigile (?).
vípera, guivre-vipère.

§ 2. SUPPRESSION DE LA VOYELLE BRÈVE.

Tout mot latin se compose d'une voyelle accentuée et de voyelles non accentuées, ou, pour abréger, d'une *tonique* et d'*atones;* la tonique (on l'a vu) persiste toujours en français; quant aux atones, la voyelle brève qui précède immédiatement la voyelle tonique, comme *u* dans *circ(ŭ)láre,* disparaît toujours en français dans les mots d'origine populaire — *circ*(ŭ)*láre* devient *cercler,* — et persiste toujours dans les mots d'origine savante, — *circŭláre* donne *circuler* : de là, un grand nombre de doublets :

ang(ŭ)látus, anglé-angulé.
aquilónem, aiglon-aquilon.
asper(ĭ)tatem, âpreté-aspérité.
auric(ŭ)larius, oreiller-auriculaire.
cap(ĭ)tále, cheptel-capital.
capit(ŭ)láre, chapitrer-capituler.
car(ĭ)tátem, cherté-charité.
cart(ŭ)lárium, chartrier-cartulaire.

circ(ŭ)láre, cercler-circuler.
coag(ŭ)láre, cailler-coaguler.
coll(ŏ)cáre, coucher-colloquer.
com(ĭ)látus, comté-comité.
cop(ŭ)láre, coupler-copuler.
cum(ŭ)láre, combler-cumuler (1).
episc(ŏ)pátus, évêché-épiscopat.
hered(ĭ)tarius, héritier - héréditaire.
hosp(ĭ)tále, hôtel-hôpital.

1. Ajoutons à cette liste les mots tels que *communiquer, comparer, considérer, cholérine, délicat, dénier, déroger, dignité, dissiper, égalité, estimer, fidélité, fermeté, gravité, hérédité, hippopotame, humilité, infirmité, interroger, littérature, médecine, réputer, vérité,* qui sont plus régulièrement formés en vieux français : *comenger* commun(ĭ)care, — *comprer* comp(ă)rare, — *consirer* (consi(dĕ)rare, — *courine* (chol(ĕ)rina, — *delgié* del(ĭ)catus, — *dengner* den(ĕ)gare (Marie de France, Fables, 62), — *derver* der(ŏ)gare, — *deintel* dign(ĭ)tatem, — *desver* diss(ĭ)pare, — *igauté* æqual(ĭ)tatem, — *esmer* æst(ĭ)mare, — *fealté* fidel(ĭ)tatem, — *ferté* fir(mĭ)tatem, — *grieté* gra(vĭ)tatem, — *hereté* hære(dĭ)tatem, — *ypotame* (hippo(pŏ)tamus, — *humbleté* humil(ĭ)tatem. — *enferté* infir(mĭ)tatem, — *enterver* inter(rŏ)gare, — *letreüre* litt(ĕ)ratura, — *mécine* me(dĭ)cina, — *reter* re(pŭ)tare, — *verté* ver(ĭ)tatem.

inquis(ĭ)torem, enquêteur-inquisiteur.

inv(ŏ)láre, embler-envoler (¹).

legal(ĭ)tátem, loyauté-légalité.

lib(ĕ)ráre, livrer-libérer.

mast(ĭ)cáre, mâcher-mastiquer.

matric(ŭ)lárius, marguillier-matriculaire.

minist(ĕ)rialis, ménestrel-ministériel.

nav(ĭ)gáre, nager-naviguer.

num(ĕ)rárius, nombrier-numéraire.

op(ĕ)ráre, ouvrer-opérer.

ossifraga, orfraie-ossifrage.

par(a)dísus, parvis-paradis (²).

præd(ĭ)catórem, prêcheur-prédicateur.

qualif(ĭ)care, jauger-qualifier.

recup(ĕ)ráre, récouvrer - récupérer.

reg(ŭ)latorem, régleur-régulateur

remem(ŏ)ráre, remembrer-remémorer.

sep(ă)ráre, sevrer-séparer.

sim(ŭ)láre, sembler-simuler.

sing(ŭ)láris, sanglier-singulier.

soll(ĭ)cĭtáre, soucier-solliciter.

temp(ĕ)ráre, tremper-tempérer.

vig(ĭ)lántem, veillant-vigilant (³).

§ 3. CHUTE DE LA CONSONNE MÉDIANE.

Le troisième réactif qui sert à distinguer les mots populaires des mots savants est la chute de la consonne médiane, c'est-à-dire de la consonne placée entre deux voyelles comme *t* dans *ma*(t)*urus*. Voici cette règle : *tous les mots français qui perdent ou changent la consonne médiane sont d'origine populaire, les mots d'origine savante la conservent :* ainsi le latin *vo(c)alis* est devenu dans le français populaire *voyelle*, dans le français des savants *vocale*. (⁴)

1. Le verbe *embler* est resté comme participe passé dans la locution *d'emblée.*

2. Cependant la forme v. fr. *paraîs*, ferait supposer que le *v* de *parvis* est intercalaire, et qu'à l'origine c'est la consonne médiane qui a disparu, et non la voyelle brève.

3. Quant au doublet — *hab(ĭ)tare*, hanter-habiter, — il est très-douteux : *bt* devenant ordinairement *d* en français (*cucurbita* = gourde, *cubitus* = coude). — Si la voyelle atone, précédant immédiatement la tonique latine, tombe en français quand elle est brève, elle persiste quand elle est longue : et cette règle ne souffre qu'un très-petit nombre d'exceptions : *susp(ī)cionem* a donné *soupçon* et *suspicion,* — *sacr(ā)mentum, serment* et *sacrement,* — *ind(ī)rectus, endroit* et *indirect,* — *blas(phē)marc, blâmer* et *blasphémer,* — *mon(ā)sterium, moutier* et *monastère,* — *min(ī)sterium, métier* et *ministère.*

4. *Adorer, affidé, chasteté, chirurgien, égal, extravaguer, figuier,*

abbrevia(t)orem, abrégeur-abré-
viateur.

advo(c)átus, avoué-avocat.

a(d)amantem, aimant-diamant.

arma(t)úra, armure-armature.

au(g)úrium, heur-augure (¹).

au(g)ustus, août-auguste.

bene(d)icere, bènir-bien dire.

communi(c)are, communier-com-
muniquer.

confi(d)entia, confiance - confi-
dence.

cre(d)éntia, créance-crédence.

curva(t)ura, courbure-courba-
ture.

de(c)anátus, doyenné-décanat.

deca(d)entia, déchéance - déca-
dence.

deli(c)átus, délié-délicat.

denu(d)átus, dénué-dénudé.

di(g)itále, dé (déel)-digitale (²).

dila(t)áre, délayer-dilater.

do(t)áre, douer-doter.

expli(c)átus, éployé-expliqué.

ex-su(c)áre, essuyer-essucquer.

fi(d)élis, féal-fidèle.

fla(g)éllum, fléau-flagelle.

gau(d)ere, jouir-gaudir.

impli(c)áre, employer-impliquer.

le(g)alis, loyal-légal.

li(g)ationem, liaison-ligation.

me(d)ianus, moyen-médian.

na(t)alis, noël-natal.

na(t)ivus, naïf-natif.

pe(d)iculum, pou-pédicule (³).

*flageller, graduel, lapider, légume, ligament, littérature, majesté, malé-
diction, mugir, pénitent, retorte, résident, satin, tribut*, étaient dans notre
ancienne langue : *aorer* a(d)orare, — *affié* affi(d)atus, — *chastéé* casti(t)atem,
surgien chi(r)urgianus, — *uel* æ(q)ualis, — *estraier* extra(v)agare, — *fieis*
fi(c)arium (Ps. Oxford, 241), — *flaeler* fla(g)ellare, — *grael* gra(d)ualis,
lapier lapi(d)are, — *léun* le(g)umen, — *liement* li(g)amentum, — *leireüre*
littera(t)ura, — *maesté* ma(j)estatem, — *maleíçon* male(d)ictionem, —
muir mu(g)ire, — *penéant* pæni(t)entem, — *riorte* re(t)orta, — *réseant*
resi(d)entem, — *sain* se(t)anus*, — *tréût* tri(b)utum.

1. *Heur* qui est resté dans les composés *mal-heur, bon-heur*, est au
XIIIᵉ siècle *éur*, au XIIᵉ siècle *aür*, et vient d'*au(g)urium* et non point de
hora, comme l'a démontré Diez dans son *Etymologisches Wœrterbuch* I, 38,
s. r. *augurio*.

2. Sur ce doublet, qui est douteux, voyez ci-dessous, page 33, sur *dé-
doigt*.

3. *Pou* et *pediculus* sont moins éloignés qu'ils ne semblent; le vieux
français est *pouil*, plus anciennement *péouil*, qui correspond exactement
au latin vulgaire *pé(d)úculus*, au provençal *pezolh*, portugais *piolho*,
espagnol *piojo*, italien *pedocchi*. — L'ordre alphabétique nous amène à
citer ici les doubles formes *ministerium* = métier-*ministère*, et *monasterium* = moutier-*monastère;* il n'est pas douteux que ces doublets soient
exacts, mais on est indécis sur leur mode de formation, deux opinions se
produisent : MM. Littré (*Histoire de la Langue française*, II, 294),
et G. Paris (*Accent latin*, 20, 127), croient que cette contraction en

pe(t)álum, poêle-pétale.

pre(c)aria, prière-précaire.

presi(d)entia, préséance - présidence.

pre(h)ensionem, prison-préhension.

provi(d)entia, pourvoyance-providence.

quadra(t)ura, carrure - quadrature.

re(d)emptionem, rançon-rédemption.

re(g)alis, royal-régale.

ro(t)onda, ronde-rotonde.

ra(d)iatus, rayé-radié.

repli(c)are, replier-répliquer.

scro(f)ulœ, écrouelle-scrofule(').

se(c)atorem, scieur-sécateur.

se(c)uritatem, sûreté-sécurité.

terri(t)orium, terroir-territoire.

tra(d)itionem, trahison-tradition.

va(g)ina, gaîne-vagin.

vo(c)alis, voyelle-vocale.

vo(t)are, vouer-voter.

§ 4. SUFFIXES LATINS.

Le signe distinctif du français populaire est de conserver la tonique latine, en supprimant l'atone brève, et la consonne médiane : mais pour les mots tels qu'*affirmáre, incrustáre*, qui n'ont ni consonne médiane, ni atone brève, et dans lesquels

métier et *moutier* a eu lieu par la chute de la consonne médiane *n*, et qu'avant de dire *métier* et *moutier*, on a dit *meestier* mi(n)isterium, et *moastier* mo(n)asterium. — Nous croyons au contraire que la consonne médiane n'a pas disparu à l'origine; mais bien la voyelle longue précédant immédiatement la tonique, *mon(ā)stérium*, *min(ī)sterium* (comme nous l'avons déjà dit page 17, note 3), et qu'avant de dire *moutier* et *métier*, on a dit *monstier* et *menstier*. Selon nous, l'hypothèse de MM. Littré et G. Paris est inadmissible : 1° parce que la liquide *n* ne tombe jamais entre deux voyelles, témoins tous les composés du mot *minus* : *minuspretiare* donne en provençal non pas *me-esprezar*, mais *mensprezar* par la chute de l'atone longue; 2° pour *moutier* la constatation est facile : ce mot est au XIIᵉ siècle *mostier*, au Xᵉ *monstier* (Saint-Legé, XXII), preuve que l'atone longue a disparu, non la consonne médiane, disparition confirmée par la forme *mon(ā)steriolum* qui a donné *Montreuil*; 3° pour *ministerium*, on ne trouve *jamais* meestier; dès le Xᵉ siècle la forme est *mistier* (Saint-Légé), et les textes latins du VIIIᵉ siècle donnent *misterium*, comme ils donnent *misdicere* pour *min(ū)sdicere*.

1. Le type direct d'*écrouelle* est le bas-latin *scro(f)ella*. A cette liste, ajoutons *ruser-refuser*. Le bas-latin *refutiare** donna *refuser*, et par la chute de la consonne médiane *reüser*, dans notre ancienne langue, terme de vénerie qui s'appliquait surtout aux détours que fait le gibier pour dérober la piste aux chiens. De cette forme *reüser* est venu le verbe actuel *ruser*. — *Inclavare* a donné *enclouer* et *enclaver*.

l'accent latin est sur la pénultième, il faut avoir recours aux lois de permutation; elles nous font toucher du doigt le mode de formation du français populaire, et en nous permettant de distinguer deux couches qui forment notre langue, elles fournissent une ample moisson à la recherche présente. — Avant d'énumérer ces doubles formes, donnons la liste des doublets créés à l'aide des suffixes *accentués*. (Je renvoie pour les suffixes *atones* au chapitre de l'accent latin, page 13, où tous les exemples se trouvent réunis).

Les suffixes accentués qui ont fourni des doublets à notre langue sont au nombre de trois :

1º Les suffixes en *atus* (français *é*), *ata* (français *ée*) :

agreg*atus*, agregé-agrégat.
ann*ata*, année-annate.
cer*atum*, ciré-cérat.
leg*atum*, légué-légat.
mand*atus*, mandé-mandat.

musc*atus*, muguet-muscat.
obl*ata*, oublie-oblat.
pl*ata*, plie-plate.
ros*atus*, rosé-rosat.
solid*atus*, soldé-soudé-soldat.

2º Les suffixes en *aris*; *arius*, *a*, *um* (français *ier*, *iere*) :

agr*arium*, agrier-agraire.
apothec*arium*, boutiquier-apothicaire.
censit*arium*, censier-censitaire.
centen*arium*, centenier-centenaire.
den*arium*, denier-denaire.
epistol*arium*, épistolier-épistolaire.
heredit*arius*, héritier-héréditaire

mol*aris*, meulière-molaire.
prec*aria*, prière-précaire.
prim*arium*, premier-primaire.
ros*arium*, rosier-rosaire.
sal*arium*, salière-salaire.
schol*aris*, écolier-scolaire.
summ*arium*, sommier-sommaire (1).
vic*arium*, viguier-vicaire.

3º Les suffixes en *ionem* (français *on*) :

coct*ionem*, cuisson-coction.
fact*ionem*, façon-faction.
frict*ionem*, frisson-friction.
fus*ionem*, foison-fusion.
inclinat*ionem*, inclinaison-inclination.

nutrit*ionem*, nourrisson-nutrition.
punct*ionem*, poinçon-ponction.
pot*ionem*, poison-potion.
prehens*ionem*, prison-préhension
rat*ionem*, raison-ration.

1. *Sommier*, registre récapitulatif et sommaire.

redempt*ionem*, rançon-rédemption.

suspic*ionem*, soupçon-suspic:..

tens*ionem*, tenson-tension.

tons*ionem*, toison-tonsion.

tradit*ionem*, trahison-tradition(¹)

Voici les autres doublets d'origine savante, qui ne rentrent pas dans les catégories précédentes :

acris, aigre-âcre.
affectare, affaiter-affecter.
affirmare, affermer-affirmer.
axilla, aisselle-axille.
arcus, arc-arche (²).
area, aire-are.
articulus, orteil-article (³).
assignare, asséner-assigner.
assopire, assouvir-assoupir.
auscultare, écouter-ausculter.
advenire, avenir-advenir.
adversus, averse-adverse.
bitumen, béton-bitume.
bulla, boule-bulle.
canalis, chenal-canal.
captivus, chétif-captif.
carbunculus, escarboucle-car-
boucle.

causa, chose-cause.
charta, carte-charte.
cholera, colère-choléra.
cippus, cep-cippe.
κόλφος, gouffre-golfe (⁴).
clausa, close-clause.
cœmentum, cément-ciment.
completœ, complies-complète (⁵).
concha, coque-conque.
constantem, coûtant-constant(⁶).
continentia, contenance-conti-
nence.
crypta, grotte-crypte (⁷).
collecta, cueillette-collecte.
crassus, gras-crasse.
crispare, crêper-crisper.
cylindrus, calandre-cylindre.
depretiare, dépriser-déprécier.

1. Ajoutons à cette liste un suffixe en *itia* : *justitia* = justesse, justice, — et deux suffixes en *alis* : official*is*, officiel-offic*ial*, et partial*is* = partiel-partial. — *Cursarius* a donné en français *coursier*, en italien *corsare*, et celui-ci nous a fourni *corsaire* au XVIᵉ siècle.

2. Sur le changement de genre voyez page 14, note 1.

3. *Orteil* était en vieux-français *arteil*.

4. Sur l'emploi de *gouffre* pour *golfe*, voir Villehardouin, CXXVIII (*Et chevauchièrent à une cité que l'on apele Nicomie et siet seur un goufre de mer*); sur l'emploi de *golfe* pour *gouffre*, voir Charron, *Sagesse*, I, 20 (*Voilà les trois goulfes ou précipices d'où peu de gens se sauvent*) dans Littré. *Dict.*, vᵒ *Gouffre*.

5. *Complies*, en latin ecclésiastique *horæ completæ*.

6. *Coûter*, en vieux-fr. *couster* vient de *constare* par le bas-latin *cost~re*, comme *monasterium* a donné *monstier*, puis *mostier* et *moutier*.

7. *Crypta* est dans les textes mérovingiens *crupta*, *grupta*, qui a ~ grotte. *Ais* (de *assis*), et *axe* (de *axis*) ne peuvent former un doublet.

designare, dessiner-désigner.
discus, dais, disque.
directus, droit-direct.
dispensare, dépenser-dispenser.
districtus, détroit-district.
diurnale, journal-diurnal.
diurnum, jour-diurne.
divinus, devin-divin.
divisare, deviser-diviser.
elephantem, olifant-éléphant.
ferocem, farouche-féroce.
foris, hors-fors.
gravis, grief-grave.
græca, grièche-grecque.
hecticus, étique-hectique.
hemina, mine-hémine.
hyacinthum, jacinthe-hyacinthe.
induratus, enduré-induré.
infirmare, enfermer-infirmer.
includere, enclore-inclure.
incrassare, engraisser-encrasser.
ingeniare, engeigner-ingénier([1]).
illuminare, enluminer-illuminer.
incrustare, encroûter-incruster.
integer, entier-intègre.
interpausare, entreposer-interposer.
intendentem, entendant-intendant.
inversus, envers-inverse.
laïcus, laï-laïque.

minare, mener-miner.
minuta, menue-minute.
missa, messe-mise.
musculus, moule-muscle ([2]).
pala, pelle-pale.
palma, paume-palme.
papilionem, pavillon-papillon.
pausa, pose-pause.
pensare, peser-penser.
παραγραφός, paragraphe-parafe.
pietatem, pitié-piété.
pituita, pépie-pituite ([3]).
pigmentum, piment-pigment.
plana, plaine-plane.
planus, plain-plane ([4]).
probabilis, prouvable-probable.
præbenda, provende-prébende.
provincialis, provençal-provincial.
psalterium, psautier-psaltérion.
quadrantem, cadran-carrant.
quatuor, quatre-quatuor.
quietus, coi-quitte.
rasus, rez-ras.
recollectus, recueilli-récollet.
relaxare, relacher-relaxer.
respectum, répit-respect.
retractare, retraiter-rétracter.
rhythmus, rime-rhythme.
ruptura, roture-rupture ([5]).
salve, sauf-salve.

1. *Engeigner* est encore dans La Fontaine.

2. *Moule*, vieux-français *mousle*, provençal *muscle*, catalan *musclo*, du latin *músculus*.

3. *Pituita*, transformé par la consonnification de l'u en *pitvita*, *pivita*, a donné le portugais *pivide*, l'ital. *pipita*, l'esp. *pepita*, le provençal *pepida*, le français *pépie*.

4. *Plana*, dans *plain-chant*, *plain-pied*, etc.

5. *Roture*, dont le sens originaire, est *ager recens proscissus* (Schéler), eut ensuite celui de *petite culture* : le tenancier d'une roture ou *roturier* n'était jamais noble.

scalarium, échalier-escalier.

signum, seing-signe.

sinistra, senestre-sinistre.

sinus, sein-sinus.

sixta, sexte-sixte.

spatha, épée-spathe.

species, épice-espèce.

*stagnantem,*étanchant(¹)-stagnant

strictus, étroit-strict.

subvenire, souvenir-subvenir.

taxare, tâcher-taxer.

theriaca, triaque-thériaque.

valentem, vaillant-valant.

ventosus, venteux-ventouse (²).

vidua, veuve-vide.

vitrum, verre-vitre.

1. *Stagnum* a donné *étang,* et *stagnare* a donné *estancher,* puis *étancher.*

2. *Ventosus* a aussi donné *ventôse,* comme *pluviosa* a donné *pluvieuse* et *pluviôse. Super* a donné *sur* en français populaire, et *super* dans la langue savante : *surfin* et *superfin* sont donc le même mot. — On serait tenté de rapprocher *ficher* de *fixer,* mais ces deux mots sont d'origine différente et ne peuvent former un doublet : *fixer* est un mot savant qui vient de *fixe,* formé au XVIe siècle du latin *fixus,* — *ficher,* qu'on trouve en français au XIe siècle, est un mot d'origine populaire, et vient de *fig(i)care*,* comme le prouvent l'italien *ficcare,* le portugais *fincar,* le prov. *ficar.* — *Pensare* a donné à la fois *penser* et *panser,* comme le prouvent : 1° l'esp. *pensar,* qui a ces deux sens ; 2° la locution latine *pensare sitim,* apaiser, étancher (panser) la soif. — Si l'on ne s'abstenait de citer ici les noms propres, on pourrait présenter comme doublet d'origine historique *calicot* et *Calicut.* — *Lazarus,* ladre-Lazare, etc... — Ajoutons à cette liste deux formes de basse latinité, *filtrum* (du v. haut-allemand *filz*), qui a donné *feutre* dans la langue populaire, et dont les alchimistes ont tiré *filtre,* — *scabinus* (du v. haut-allemand *skepen*), d'où sont venus *échevin,* et récemment *scabin,* formation toute moderne et assez inutile.

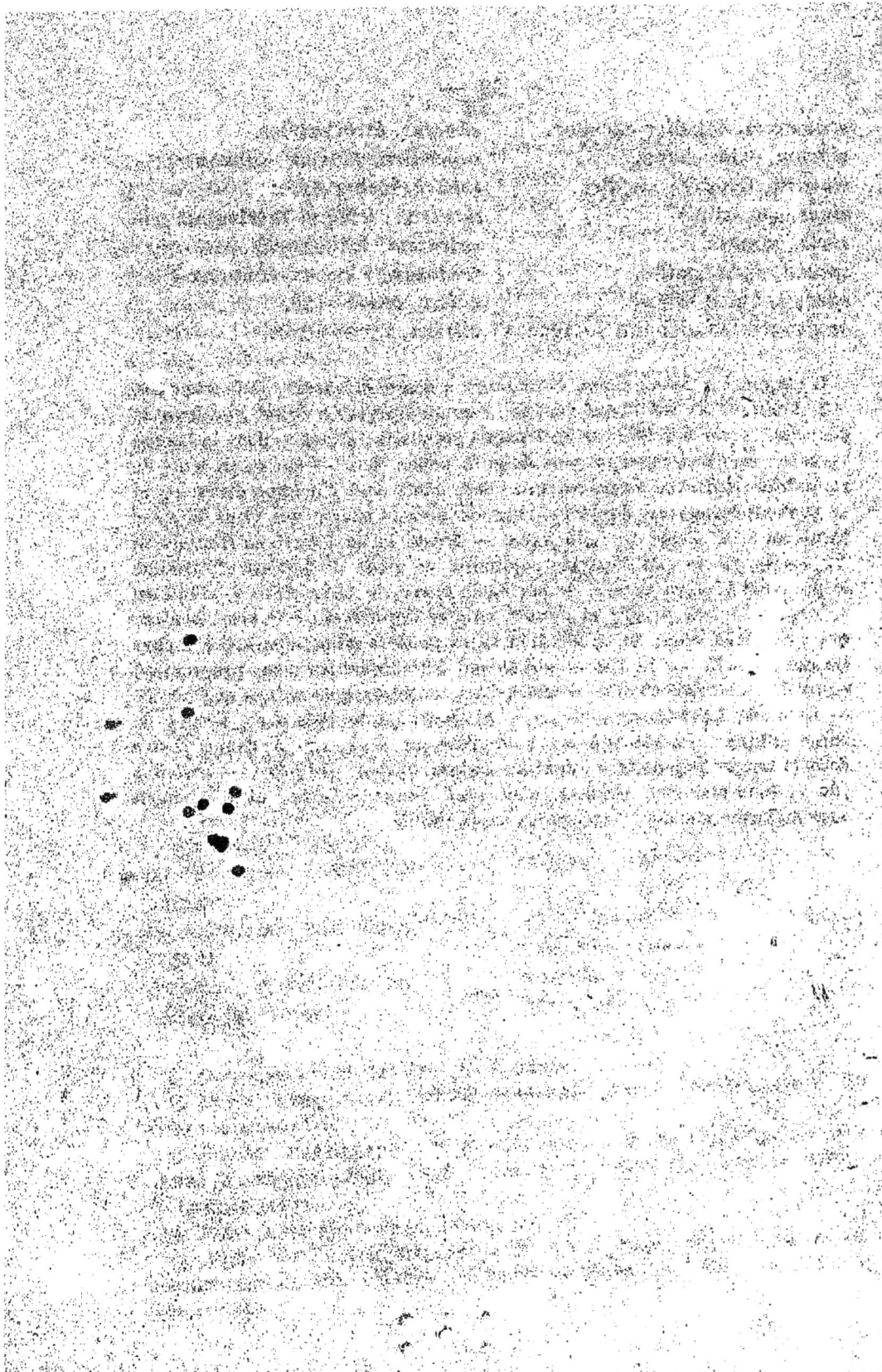

PARTIE II.

DOUBLETS D'ORIGINE POPULAIRE.

ces empreintes sont en désaccord avec l'analogie propre du français, et c'est ce qui les rend encore reconnaissables aujourd'hui. De là un certain nombre de doublets, lorsqu'à côté d'une forme française, telle que *chancre*, prend place une forme picarde, telle que *cancre*, — l'une et l'autre tirée du latin *cancer*.

I. DIALECTE PICARD.

Le trait distinctif du dialecte picard, qui consiste à durcir le *c* (*cáncer* = *cancre*), que le dialecte français adoucit (*cáncer* = *chancre*), nous permet immédiatement de constater plusieurs doublets ainsi formés :

arcare, archer-arquer [1].   *campania,* champagne-campagne.

1. On n'a point d'exemple d'*arquer* antérieur au XVIᵉ siècle, et il est plus probable que ce mot vient de l'italien *arcare*. — On peut joindre à cette liste les formes telles que *blanchette* et *blanquette*, — *toucher* et *toquer*, — *clicher, cliquer* et *claquer*, — qui sont évidemment identiques. *Attaquer* et *attacher* ont de même une origine commune, comme cela est visible par la locution *s'attaquer à,* qui est identique avec *s'attacher à.* D'ailleurs, l'histoire de notre langue le prouve, ces deux mots étaient indifféremment employés l'un pour l'autre : tantôt *attaquer* a le sens d'*attacher,* comme dans ces vers du XIVᵉ siècle :

> ... Li mantieus qu'elle a
> Fu fais dedens une isle que mers avirona,
> D'une ouvre sarazine ; une dame l'ouvra.
> Une riche escarboucle le mantel *ataqua.*
> (*Bauduin de Sebourc, I,* 370).

Tantôt *attacher* signifie *attaquer, livrer un combat;* ainsi dans ce passage d'une lettre de Calvin au régent d'Angleterre : « A ce que j'entends, Monsei- » gneur, vous avez deux espèces de mutins qui se sont eslevez contre le roy » et l'estat du royaume : les uns sont gens fantastiques qui soubs couleur » de l'Évangile vouldroient mettre tout en confusion ; les autres sont gens » obstinés aux superstitions de l'Antechrist de Rome. Tous ensemble méri- » tent bien d'estre réprimés par le glayve qui vous est commis, veu qu'ils » s'*attaschent* non seulement au roy, mais à Dieu qui l'a assis au siège » royal, et vous a commis la protection tant de sa personne que de sa » majesté. » (*Lettres de Calvin recueillies par M. Bonnet, II,* 201).

campus, châmp-camp.
camerare, chambrer - cambrer (*voûler*).
cancer, chancre-cancre.
cappa, chappe-cappe.

capsa, châsse-caisse.
carnarium, charnier-carnier.
*caronia**, charogne-carogne (¹).
concha, coche (²)-coque.

A l'inverse du français aussi, le dialecte picard changeait en *ch*, les *s* ou *c* doux du latin; le patois moderne de la Picardie dit encore *cheux, tancher, baicher*, pour *ceux, tancer, baisser*. C'est à cette origine qu'on doit rapporter les doublets tels que : *laxare, laisser - lâcher*, — *excorticare, écorcer*(³)-*écorcher*, — *grincher* et *grincer*(⁴), etc...

II. DIALECTE NORMAND.

Où le français met *oi, ai*, le dialecte normand mettait :

Tantôt *e* : *badare**, bayant-béant (⁵). — *benedictus*, benoît-benêt. — *credentia*, croyance-créance. — *flagrare*, flairer-fleurer.

Tantôt *i* : *carricare*, charroyer-chârrier. — *deex-viare*, dévoyer-dévier (⁶). — *plicare*, ployer-plier.

1. Le mot n'est pas venu au XVI° siècle de l'italien *carogna*, comme on l'a cru longtemps; il existe dans les textes picards du XII° siècle.
2. *Coche* est dans notre ancienne langue à la fois *coquille* et *petit bateau*. Une telle métaphore n'est pas rare.
3. Il est possible qu'*écorcer* vienne directement d'*écorce*.
4. Du vieil-haut-allemand *grimmison*. Aux doublets déjà cités, il convient d'ajouter : *virga*, verge-vergue, — *larga*, large-largue, — ●vanche et *revenge* venant l'un et l'autre de *revendicare*.
5. *Déchet* et *déchoit* sont dans le même cas.
6. On peut y joindre *gibier* et *giboyer*, peut-être aussi *colorier* et *colorer* (*colorare*). — Cependant notre connaissance des anciens dialectes est tellement vague et incomplète qu'on pourrait presque aussi bien attribuer ces doubles formes au dialecte français qu'au normand; il ne faut point insister, plus qu'il ne convient, sur ces essais de classification dialectale; et le lecteur qui voudrait transformer en affirmations précises toutes ces hypothèses très-douteuses, commettrait autant d'erreurs.

III. AUTRES DIALECTES.

Telles sont les seules traces des anciens dialectes que la science ait été jusqu'ici en état de constater dans notre langue. Nous avons reçu peu de mots des autres dialectes romans : le patois des Grisons nous a fourni le mot *ranz* qui s'est spécialisé pour désigner l'air que les bergers suisses jouent sur la cornemuse en conduisant les vaches, mais qui veut dire proprement *rang*, et a la même origine que lui. — Le patois wallon nous a, lui aussi, fourni un doublet; c'est *ducasse*, fête patronale de l'Église, plus anciennement *dicauce*, et qui est une corruption du latin *dedicatio*. *Ducasse* et *dédicace* sont donc le même mot. — Quant au provençal ou langue d'oc, toute son influence s'est bornée à l'introduction d'une douzaine de mots :

birrettum, béret ([1]) - barrette
(*pr.* barretta).

capitale, cheptel - captal (*pr.* captal).

caput, chef-cap (*provençal* cap).

de-aurata*, dorée - dorade (*pr.* dorada).

fatuus, fade ([2])-fat (*pr.* fat).

granata, grenée - grenade (*pr.* grenada).

magistrale, magistral - mistral (*prov.* maestral).

spatha, épée-espade (*pr.* espada).

carricare, charger-carguer (*pr.* cargar).

§ 2. RESTES DE L'ANCIENNE DÉCLINAISON FRANÇAISE.

Nous n'avons point à expliquer ici l'origine et la formation de la déclinaison française à deux cas (continuation de la déclinaison latine); elle disparut à la fin du xiiiᵉ siècle, pour des causes que nous avons étudiées ailleurs ([3]), et le cas-sujet

---

1. *Beret* n'est pas à proprement parler un mot français; il est d'origine béarnaise, et peut être rapproché de l'espagnol *biretto*.

2. Le changement du *t* en *d* (*fatuum* = *fade*), est anormal; aussi M. G. Paris propose-t-il une autre étymologie, et veut tirer *fade*, du latin *vapidus**. comme de *rapidus*, *sapidus*, sont nés *rade*, *sade*, etc... Cette étymologie est douteuse, *va* latin initial ne devenant jamais *fa* en français, mais *g* dur; témoin *gap* de *Vappincum*, *gué* de *vadum*, etc...

3. *Gramm. historique de la langue française*, p. 150.

s'efface, cédant la place au cas-régime. Cette perte eut pour la troisième déclinaison un résultat particulier ; l'accent tonique se déplace en latin dans cette déclinaison quand le mot passe du nominatif aux cas obliques *sérpens-sèrpéntem*. Il en résulta pour la troisième déclinaison française une double forme : l'une *serpe* (sérpens) au cas sujet, l'autre *serpent* (serpéntem) au cas-régime. Au xive siècle, le cas régime l'emporte et le cas-sujet *serpe* disparaît. Dans un petit nombre de mots, les deux formes, sujet et régime, ont subsisté parallèlement, mais au lieu de rester les deux cas d'un même mot, elles devinrent des mots différents, — tels sont :

> *májor*, maire. — *majórem*, majeur.
> *mínor*, moindre. — *minórem*, mineur.
> *pástor*, pâtre. — *pastórem*, pasteur.
> *prúdens*, prud' (¹). — *prudentem*, prudent.
> *sénior*, sire — *seniórem*, seigneur (²).

D'ailleurs ces mots ne forment point de doublets véritables ; le doublet est par sa définition même la double dérivation d'un même mot ; et dans le cas présent, *pâtre-pastéur* forment par le déplacement de l'accent tonique des mots tout à fait différents l'un de l'autre.

§ 3. CONFUSIONS GRAMMATICALES.

On sait que quelques infinitifs latins en *ĕre* ont donné au français populaire deux formes l'une forte, l'autre faible, — par un déplacement fautif de l'accent latin :

cúrrĕre, courre-courir.	*plácĕre*, plaire-plaisir.
gémĕre, geindre-gémir.	*quaérĕre*, querre-quérir.
frémĕre, freindre-frémir.	*súrgĕre*, sourdre-surgir (³).

1. Dans les composés tels que *prud'homme*.
2. On serait tenté d'ajouter à cette liste *chantre-chanteur ;* mais le premier vient de *cantor*, le second de *cantatorem* *.
3. Aux doubles formes infinitives que nous citons, il convient d'ajouter *bouffer-bouffir*, et peut-être *pouffer*. — Je passe sous silence les formes du vieux-français *tácere*, taire-taisir, *plácere*, plaire-plaisir, *texere*, tistre-tisser, etc...

D'autres fois, le même primitif latin donne au français populaire deux infinitifs de forme différente, tout en conservant à l'accent latin sa place légitime :

crispare, crêper-crépir.   *movere,* mouvoir-mouver (†).

Une autre espèce de doublet, produit d'une confusion analogue, doit prendre place ici; on sait que dans la déformation graduelle qu'a subie le latin pour devenir le français, les formes se succèdent et pour ainsi dire s'étagent avec la plus parfaite régularité : ainsi *festa* donne d'abord *feste* puis *fête;* aussitôt qu'apparaît dans la langue cette dernière forme, la première disparaît pour toujours; de même *pellis* donne le vieux français *pel* qui cède bientôt la place à la forme moderne *peau;* si par un accident indéterminé, l'ancienne forme *pel* avait persisté parallèlement à la forme *peau,* cette persistance aurait donné lieu à un doublet. — C'est ce qui est arrivé pour un certain nombre de mots qui coexistent à un degré de maturité, et pour ainsi dire d'âge différent.

Tels sont :

appellum*, appel-appeau.   *palus*, pal-pieu (²).
bellus*, bel-beau.   *solidare*, solder-souder.
collum, col-cou.   *stallum**, étal-étau (³).
follis*, fol-fou.   *vallis*, val-vau.
labellus*, lambel (¹)-lambeau.   *veruculum*, vrille-verrou (⁴).
mollis, mol-mou.

1. La forme *lambel* est restée dans le Dictionnaire héraldique.
2. *Pieu* est dans notre ancienne langue *piel,* et dérive de *palus.* Diez s'oppose avec quelque raison à cette dérivation, et prétend que s'il existait une forme *pieil,* le mot correspondrait exactement à un latin *piculus** (ital. *picchio*).
3. *Étau* est ici au sens de boutique. Ces deux mots viennent du vieil haut-allemand *stall.*
4. *Veruculum, veruclum* a donné très-régulièrement le vieux français *verroil,* aujourd'hui *verrou,* comme *genuculum, genuclum,* a donné le vieux-français *genoil,* aujourd'hui *genou.* — D'un autre côté *veruculum* a donné dans le latin vulgaire une forme corrompue *vruculum, vruclum,* qui est même *vriclum* dans les *Graffiti* de Pompéi, et dont *vrille* est le dérivé. — On ne peut point ajouter à cette liste le doublet *cerveau-cervelle,* l'un vient de *cerebella,* l'autre de *cerebellum.*

dans lesquels la *l* latin est resté *l* dans les mots de l'ancien français, et n'est adouci en *u* dans les formes plus récentes.

De même dans *adpastum*, appas-appât, — *juxtare* (a)juster-ajouter(1)— bosquet-bouquet(2), le *s* originaire persiste dans un des termes du doublet, et est remplacé dans l'autre par un accent circonflexe.—Dans *Exmota* émue-émeute, — *benedictus*, béni, bénit, — le *t* disparaît dans un terme et subsiste dans l'autre. — Dans *laborem* labour - labeur, — *florere* florir - fleurir, —*hora* or, — heure, —l'*ō* latin répond à la diphthongue *eu* dans un des termes du doublet, —aux sons *o, ou* dans l'autre.

Un fait analogue se retrouve dans le doublet *dominicella* demoiselle-donzelle, — double forme qu'on ne trouve expliquée nulle part d'une manière satisfaisante, et dont voici, je crois, la solution : 1° le latin *dominicélla* a perdu suivant la règle (3) son atone brève protonique en passant en roman et est devenu *domincélla*, d'où italien *damigella*, espagnol *damisela*, provençal id., français *damoiselle*. 2° *Dominus* est *domnus* dans le latin vulgaire, et *dominicella* est par suite *domnicella*. — En passant au roman, la forme *domnicéllus*, par la chute régulière de la brève a donné *domncellus*, d'où italien *donzella*, espagnol *doncela*, français *doncele*. Cette dernière forme disparut au XIVᵉ siècle, et c'est seulement au XVIᵉ que l'italien *donzella* nous fournit la forme *donzelle*. — Cette explication par le latin vulgaire nous dispense d'admettre la contraction directe de *dominicélla* en *donzelle*, contraction très-douteuse, puisqu'il est anormal que deux voyelles brèves atones disparaissent devant la voyelle tonique.

§ 4. FORMATIONS INCONNUES.

Sur les huit cents exemples de doublets que comprend le présent

1. (*Ad*)*juxtare*, bas-latin *ajostare*, a donné concurremment les deux formes *ajouter-ajuster*.

2. *Bouquet*, en vieux-français *bousquet*, *bosquet*, est comme le mot *bosquet*, un diminutif de *bosc*, forme première du mot *bois*.

3. Pour la démonstration de cette règle, voyez *Grammaire-Historique de la Langue française*, p. 78.

travail, nous avons reconnu et classé sept cent cinquante d'entre eux. — Cinquante autres qui sont évidemment d'origine populaire restent jusqu'à présent sans explication, faute d'avoir été soumis à une série d'observations assez exactes. La corruption, cela est certain, a joué un rôle dans plusieurs de ces doubles formes (1) ; mais le plus grand nombre a été produit, selon nous, par le mélange et la confusion des formes dialectales, et c'est dans une étude sérieuse et vraiment scientifique (2) des dialectes de l'ancien français qu'il faudra chercher la solution de tous ces petits problèmes. — Dans l'état actuel de la science, on doit se borner à constater leur existence, et encore ne peut-on pas le faire avec certitude, car un grand nombre de ces doublets sont purement hypothétiques (3), et la philologie future pourra seule confirmer la valeur de ces rapprochements.

amantem, amant-aimant.   *amatus*, amé-aimé.

1. Telles que : *Stannum,* étain-tain, — *Cathedra,* chaire-chaise (Théodore de Bèze, en 1530, se plaint de la mauvaise prononciation des Parisiens, qui disent *chaise* au lieu de *chaire)*, — *Grammaria*, grammaire (dont *grimoire* est la corruption), — *Catenionem*, qui donne le vieux français *chaaignon,* lequel a produit en deux directions le mot *chaînon,* d'un côté, le mot *chignon,* de l'autre. — *Juncus* a donné *jonc* dont le diminutif *jonchet* a formé un doublet par la corruption de *jonchet* en *honchet.* — *Amica,* amie-mie (par la corruption du pronom personnel *m'amie,* puis *ma mie),* — *Partem,* part-par (dans la locution *de par le roi, par* est ici une orthographe corrompue pour *part,* l'italien dit *da parte,* l'espagnol *de parte*).

2. Dans le mouvement si intéressant, qui s'est produit en France depuis dix ans pour la fondation d'une école de philologie française, l'étude des dialectes que Fallot a fondée et incitée ne pouvait être laissée de côté, et c'est avec plaisir que nous annonçons la publication prochaine de deux monographies, l'une sur le *Dialecte lorrain* par M. Bonnardot, l'autre sur le *Dialecte blaisois,* par M. Talbert.

3. Tels sont : *trognon* rapproché de *tronçon* (diminutif de *tronc),* — *craquer* présenté comme une variété dialectale de *croquer,* — *bruire* tiré de *rugire,* qui a aussi donné *rugir,* — *Soccus* a donné *souche,* et comme *choc* a signifié *tronc d'arbre* dans notre ancienne langue, on voudrait attribuer à ces deux mots une commune origine, qui est bien difficile à admettre. — Il est aussi très-douteux que *tourte-tarte* soient une bifurcation du latin *torta.* — Enfin Diez tire *sournois* de *taciturnus* (qui a donné *taciturne*):

aquarium, évier-aiguière (¹).
capsa, caisse-casse (²).
cingulare, cingler-sangler.
computare, conter-compter.
coquus, queux-gueux (³).
cuculus, coucou-cocu (⁴).
designum, dessein-dessin.

digitus, dé-doigt (⁵).
dominus, dame (⁶)-dom.
ericius (⁷), hérisson-oursin.
fagina, faîne (⁸)-fouine.
flammantem, flamant flambant.
gábata, jatte-joue (⁹).
gemelli, gémeaux-jumeaux.

1. Sur *aquarium* — *évier*, voyez ci-dessus, page 3, note 2. *Aqua* donna, dans certaines provinces, la forme *aigue* (qui est restée dans *aigue-marine*), et *aquaria* est très-régulièrement le primitif d'*aiguière*. — Il est inutile de citer ici les doubles formes *abonner-aborner* (M. Diez a démontré que ces deux mots n'avaient point d'origine commune), *accotre-accoster* (celle-ci vient de *costa* et se rattache à *côte;* celle-là dérive de *cote* et se rattache à *cotir*); elles ne peuvent point former un doublet.

2. Nous passons sous silence le doublet *besoin - besogne*, l'origine commune de ces deux mots est encore inconnue. — Du vieil haut-allemand *buwisc**, naquit le bas-latin *boscus*, provençal *bosc*, français *bois;* une forme féminine *bosca* devint le vieux-français *busche*, *bûche*. Citons encore d'autres primitifs germaniques fournissant une double forme au français populaire. — Du moyen haut-allemand *bózen* sont venus *buter-bouter*, et les composés *raboter-rebouter*. — Du radical haut-allemand *waron*, dérivent *garenne* et *varenne*.

3. Au XIVᵉ siècle *gueux* a le sens de cuisinier, ce qui montre qu'il n'est qu'une autre forme de *queux* (Littré. Dict. vᵒ *Gueux*).

4. Si étrange que paraisse cette assimilation, elle est exacte, et fondée sur un des traits caractéristiques de cet oiseau, ainsi défini par le scoliaste Acron (ad Horat. Sat. 6, 7) : « *Cuculus*, avis, hoc vitio naturali laborat, ut » ova, ubi posuerit, oblita, sæpè aliena calefaciat. »

5. *Dé*, vieux-français *deit*, correspond exactement à *didus*, qu'on trouve dans la loi salique pour *digitus*. Quant au v.-fr. *déel* (signifiant aussi *dé*), il vient de *digitale*, comme le prouvent l'esp. *dedale*, l'it. *ditale*.

6. Dans l'exclamation *dame*, débris du vieux français *dame-Dieu!* (Domine Deus!).

7. Par un diminutif, *ericionem**, d'où *hérisson*. — Quant à *oursin*, c'est une corruption d'*hérisson*, témoin les formes portug. *ouriço*, wall. *ureçon*, angl. *urchin*.

8. Cette étymologie, proposée par Bochart, se confirme par le surnom de *martre des hêtres*, donné à la fouine, — et surtout par le vieux français qui ne dit pas *fouine*, mais *faîne*, ital.-prov. *faina*, cat. *fagina*. Un autre doublet aussi étrange est *gai-geai*. Cet oiseau était en v. fr. *gai;* de même le v. espag. dit *gayo* pour *gai* et *geai*.

9. *Gábata* devient très-régulièrement *jatte*, comme *débita* devient *dette*. Quant à *joue*, ce mot qui est en vieux français *joe*, et plus anciennement

gula, gueule-goule.
hominem, homme-on.
ille, il-le.
inducere, induire-enduire.
li(g)ámen, lien-liane ([1]).
pannum, pan-panne.
querquedula ([2]) cercelle - sarcelle.
rabies, rage-rêve ([3]).

repropiare, reprocher-rapprocher.
sepia, seiche-sèche.
soccus, soc-socque-souche (?)
stuppa, étoupe-éteuf ([4]).
seniorem, seigneur-sieur.
tabula, table-tôle ([5]).
úpupa, houppe-huppe.
ventosa, venteuse-ventouse.

jode, correspond à it. *gota*, prov. *gauta*. Or ce dernier mot est la traduction exacte du bas-latin *gáuta*, transformation de *gábata*.

1. Le mot *liane* qui nous vient des colonies hispano-américaines, manque cependant à l'espagnol.

2. *Querquedula* a donné le bas-latin *querquedla*, *querquella*.

3. Cette hypothèse de M. Diez, qui présente *rêve* comme une variété dialectale de *rage* (parce que *cavea* a donné en vieux français à la fois *cage* et *caive*), est difficilement soutenable; elle ne rend pas compte de l's du vieux français *resve*.

4. Pour f = p, comparez *chef* de *caput*. Le latin *stuppa* a aussi donné l'all. *stoff*. d'où fr. *étoffe*.

5. *Tôle*, qui est en vieux français *taule*, correspond au prov. *taula*, contraction de *tabula* (par le changement de *tabla* en *tavla*); c'est ainsi que *parabola* donne *paraula* (parole).

PARTIE III.

DOUBLETS D'ORIGINE ÉTRANGÈRE.

PARTIE III

DOUBLETS D'ORIGINE ÉTRANGÈRE.

L'italien, l'espagnol et l'anglais ont fourni à notre langue un assez grand nombre de doublets; avant de les passer en revue, on doit se demander à quel signe on reconnaît qu'un mot tel que *piano*, par exemple, est d'origine étrangère, et qu'il a été importé dans notre langue. En tout sujet, il y a deux sortes de preuves : les unes *a priori* et de théorie, les autres *a posteriori* et de fait :

1° A priori, *piano* qui correspond au latin *planus* ne peut-être un mot d'origine française, car *pl* latin persiste toujours en français et ne devient jamais *pi*; ex. : *plorare* (*pleurer*), *plenus* (*plein*), *plus* (*plus*), *placere* (*plaire*), *plumbum* (*plomb*), *planus* (*plain*); de plus, *piano* est certainement un mot d'origine italienne, car c'est seulement en italien que *pl* latin donne *pi* : *plorare* (*piorare*), *plenus* (*pieno*), *plus* (*piu*), *placere* (*piacere*), *plumbum* (*piombo*).

2° A posteriori, ce résultat est confirmé par l'histoire de la langue : *planus* donne *plain* à la naissance du français (resté dans *plain-chant*) : l'adj. *piano* au sens de doux, n'apparaît dans les textes français relatifs à la musique(1) qu'à la fin du XVIe siècle, époque à laquelle il fut importé d'Italie.

---

1. On sait comment l'adjectif *piano* (doux) est venu à désigner l'instru-

lacuna, lacune-lagune (*laguna*).

ligare, lier-liguer (*legare*),

metallea, maille-médaille (*medaglia*).

opera, œuvre-opéra (*opera*).

palatinus, palatin-paladin (*paladino*).

planus, plain-piano (*piano*).

prœstus, prêt-preste (*presto*).

quadrare, carrer-cadrer (*quadrare*).

reductus, réduit-redoute (*ridotto*).

renegatus, renié-renégat (*rinnegato*).

reversus, revers-revêche (*revescio*).

scala, échelle-escale (*scala*).

schistus, schiste-zeste (*zesto*) (¹).

*staticum*ˣ, étage-stage (*staggio*).

tenorem, teneur-ténor (*tenore*).

tympanum, tympan-timballe (*timballo*).

villa, ville-villa (*villa*).

voluta, voûte-volte (*volta*).

Citons à part les suffixes latins en *ata* qui donnent *ée* en français, *ata* en italien, et l'italien à son tour devient *ate*, *ade*, en passant au français :

*adcollata*ˣ, accolée-accolade (*accolata*).

arcata, archée-arcade (*arcata*).

camerata, chambrée-camarade (*camerata*) (²).

*caballicata*ˣ, chevauchée-cavalcade (*cavalcata*).

cantata, chantée-cantate (*cantata*).

d'usage commun (*opéra, piano, ténor,* etc...), laissant de côté les mots purement techniques (*allegro, andante, alto,* etc...).

1. Ajoutons à cette liste *scorsonère* (de l'italien *scorza-nera,* équivalant du français *écorce noire*), — *soprano,* d'un type latin *superaneus* (qui a donné au français *souverain*). De l'arabe *torgomán* (interprète) sont venus : 1° Drogman. 2° Truchement, qu'on écrivait anciennement *truchéman,* qu'on pourrait dériver de l'italien *turcimanno,* espagnol *trujaman*; mais les formes du vieux-français *drughmant* (Villehardouin LXXXVI), *drugement* (Joinville, 242), s'y opposent. — Le vieil haut-allemand *alansa* ✺ donné le français *alène,* l'italien *lesina* (qui signifie au propre *alène,* au figuré *avarice,* et dans ce sens a donné au XVIᵉ siècle le français *lésine*).

2. *Camarade* vient plutôt de l'esp. *camarada* que de l'italien. — Ajoutons ici : *briguée-brigade* (it. *brigata*).

cruciata*, croisée-croisade (*crociata*).

ex-cappata*, échappée-escapade (*scappata*).

imboscata*, embusquée-embuscade (*imboscata*)

muscata, musquée-muscade (*muscata*).

parata, parée-parade (*parata*).

pommata, pommée-pommade (*pommata*) (¹).

salata, salée-salade (*salata*) (²).

sonata, sonnée-sonate (*sonata*).

strata, estrée-estrade (*strada*).

§ 2. DOUBLETS D'ORIGINE ESPAGNOLE.

L'invasion de la langue espagnole en France depuis le temps d'Henri III jusqu'à la mort de Louis XIII, laissa sur notre idiome une empreinte relativement forte; elle a créé une vingtaine de doubles formes, par la rencontre de mots espagnols avec des mots français d'origine commune:

adjutantem, aidant-adjudant (*ayudante*).

camerata, chambrée-camarade (*camarada*).

capitaneus(³), capitaine-capitan (*capitan*).

casa, chez (⁴)-case (*casa*).

catena, chaîne-cadène (⁵) (*cadena*).

cithara, cithare-guitare (*guitarra*).

coccinella, coccinelle-cochenille (*cochinilla*).

domina, dame-duègne (*dueña*).

hispaniolus, épagneul (⁶)-espagnol (*español*).

hominem, homme-hombre (*hombre*).

1. L'it. *pommata* désignait à l'origine un onguent fait de pommes d'api et de saindoux.

2. *Salata*, herbes qu'on mange avec du sel. — A ces formes ajoutons le doublet *taillée-taillade* (de it. *tagliatia*).

3. *Capitaneus* (dérivé de *caput*), avait déjà donné au vieux-français les formes *chevetaine* et *cataigne*.

4. La forme française de *casa* est *chez*. (voyez ma *Grammaire historique*, p. 212), cependant *case* est déjà dans Rutebœuf, p. 196; *caser* est dans *Roncisvals*, v. 5.

5. Un dérivé de *cadène* est *cadenas*.

6. La race des *épagneuls* (anciennement *espagneul*), est originaire d'Espagne. — Ajoutons à cette liste *eldorado* de l'espagnol *el dorado*, littéralement *le doré*.

infantem, enfant-infant (*infante*).
niger, noir-nègre (*negro*).
pannus, pan-pagne (*paño*).
regalis, royal-real (*real*).
sexta, sexte-sieste (*siesta*).
super-carrica,* surcharge-subrécargue (*sobrecarga*).
super-saltus, sursaut-soubresaut (*sobresalto*).

Le portugais nous a donné un seul doublet : *fétiche* de *feitico* (latin *factitius*) qui correspond au français *factice*. Quant à *chamade*, s'il vient du portugais *chamada* (latin *clamata*), il correspond au français *clamée* dans *ré-clamée*, *ac-clamée*, etc...([1])

§ 3. DOUBLETS D'ORIGINE ANGLAISE.

L'introduction si considérable depuis quarante ans, et toujours croissante de mots anglais dans notre langue, a donné lieu aux doubles formes suivantes : beaucoup de ces mots, empruntés récemment à l'Angleterre, ne sont autre chose que des mots français importés au xie siècle, en Angleterre, par les Normands, et qui ont aujourd'hui repassé le détroit, frappés à l'effigie saxonne :

bulla, bull-bill (*bill*).
capanna, cabane-cabine (*cabin*).
confortis,* confort-comfort (*comfort*).
expressus, exprès-express (*express*).
exquadra,* équerre (²)-square (*square*).
factionem, façon-fashion (*fashion*).
humorem, humeur-humour (*humour*).
jurata, jurée-jury (*jury*).
mensa, mense-mess (*mess*).
rupta, route-raout (*rout*) (³).
tostus, tôt-toast (*toast*) (⁴).

1. Le mot *autodafé* (portugais *auto-da-fé*, actum de fidem) est littéralement le français *acte de foi.*
2. Sur *équerre*, vieux-français *esquerre*, voyez plus haut page 41, note 6.
3. *Rout* signifie *assemblée*, comme le vieux-français *route* qui avait le sens de bande, compagnie d'hommes.
4. On sait que le sens primitif de l'anglais *toast* est *rôtie* (cependant

Les doublets d'origine étrangère appartiennent, on le voit, presque exclusivement à l'italien, à l'espagnol et à l'anglais; les autres langues n'ont rien donné en ce genre; l'allemand seul a fourni la double forme *blocus - blockhaus* (allemand *block - haus*); (*kirsch* vient du latin *cerasus* et est l'équivalent de *cerise*).

toast correspondant à *tosted*, représenterait plutôt un type *tostatus*). — Quant au rapport entre l'adverbe *tôt* (italien *tosto*, provençal *tost*), et le participe latin *tostus* (brûlé), MM. Diez et Schéler citent à l'appui l'italien *caldo* (tout-à-coup) du latin *calidus* (chaud), le vieux-français *chalt-pas* (passu calido), et l'allemand suisse *fuss-warms* (promptement). — Le latin *solida* a donné en français *soude*, en italien *soda*. Ce dernier mot importé en Angleterre (*soda-water*) nous est revenu à l'état simple (*soda*). — *Pudding* est la traduction saxonne du français *boudin*. — *Tunnel* est le vieux-français *tonnel*, aujourd'hui *tonneau*. — *Stalle* (anglais *stall*) est le français *étal*. — *Budget*, mot anglais introduit en France en 1814, est l'ancien français *bougette* (bourse), diminutif de *bouge*, du latin *bulga* (petit sac) : *Bulgas Galli sacculos vocant*, nous dit Festus. — *Warrant* qui est maintenant établi dans notre dictionnaire commercial est la traduction du français *garant*. — *Jockey* est une corruption de *jacquet* diminutif de *Jacques*.

FIN.

APPENDICE.

APPENDICE.

Le livre de Nicolas Catherinot (*Les Doublets de la Langue Françoyse*) publié à Bourges en 1683, avait plus d'une fois attiré l'attention des savants, et fut signalé de nouveau par M. Marty-Laveaux, puis par M. Egger dans une note de son excellente *Grammaire comparée*. Voici comment Catherinot définit les doublets, fils nés d'un même père, mais de mères différentes :

« *J'appelle doublets les diverses traductions du même nom...*
» *Cette recherche servira pour entendre les origines, les diffé-*
» *rences et les énergies des mots, et à quelques autres usages;*
» *enfin c'est une curiosité. Il y a d'ordinaire un mot ancien et*
» *un mot moderne, un mot aîné et un cadet, un bon et un*
» *mauvais, un d'usage et un usé et hors de service...* » Après quelques divagations sur de prétendus doublets grecs tirés de l'hébreu, Catherinot aborde son sujet qu'il divise en doublets : 1° des *noms propres*, 2° des *noms communs*. Laissant de côté les premiers qui ne font point partie de cette étude, nous examinerons plus spécialement les doublets des noms communs : Catherinot en donne 468, mais en réalité son travail ne contient pas la moitié de ce nombre, parce qu'il a réuni sous le nom de doublets des mots de même famille, mais d'origine différente (*mémoire* et *mémorial*, *croc* et *crochet*), tandis que par sa définition même, le doublet est la bifurcation d'un même mot. Défalcation faite de ces doubles formes

imaginaires, il reste un noyau d'environ 160 doublets réels et exacts; les 308 autres sont faux ou inadmissibles. Sans vouloir railler la science enfantine du vénérable conseiller au présidial de Bourges, science qui était d'ailleurs celle de son temps, nous donnerons au lecteur comme spécimen de la philologie française au siècle de Louis XIV, quelques doublets pris au hasard dans le livre de Catherinot :

abacus, abaque-banc.

arca, arche-barque.

arma, armes-hardes.

axioma, axiome-maxime.

battuere, battre-tuer.

caballicare, chevaucher-galoper.

cadentiare, cadencer-danser.

debilis, débile-faible.

decimare, écumer-décimer.

diabolus, diable-drôle.

globus, globe-bloc.

gravis, grave-brave.

hydra, hydre-guivre.

libellus, libelle-billet.

marmor, marbre-marmot.

ornare, orner-fournir-garnir.

petra, pierre-bière.

rapum, rêve-rave.

strophari, strophe-tromper.

verruca, verrue-roche.

vulnerari vulnérer-navrer.

Au xviiie siècle, Turgot, dans un excellent article de l'Encyclopédie(1); au xixe, Butet, dans sa *Lexicologie* (1804); Fuchs,

1. Bien que ce ne soit point ici le lieu, il n'est pas sans intérêt d'analyser cet article trop peu connu, et qui établit sur des bases solides la méthode et les principes de la science philologique, alors que les de Brosses et les Court de Gébelin extravaguaient encore. Turgot avait vingt-six ans quand il écrivit cet article (1753); cent ans après, paraissait le *Lexicon Etymologicum* de Diez (1853). On n'est pas médiocrement surpris en voyant qu'aucun des trois instruments de la philologie moderne (*l'histoire,* la *phonétique,* la *comparaison),* n'avait échappé à ce puissant esprit, et qu'il en avait prévu toute l'utilité :

« 1° Lorsque d'une langue primitive plusieurs se sont formées à la fois
» dans différents pays, l'étude de ces différentes langues, de leurs dialectes,
» des variations qu'elles ont éprouvées, la comparaison de la manière
» différente dont elles ont altéré les mêmes inflexions ou les mêmes sons
» de la langue mère, en se les rendant propres; celle des directions
» opposées, si j'ose ainsi parler, suivant lesquelles elles ont détourné le
» sens des mêmes expressions; la suite de cette comparaison, dans tout le
» cours de leur progrès, et dans leurs différentes époques, serviront
» beaucoup à donner des vues pour les origines de chacune d'entre elles;
» ainsi l'italien et le gascon, qui viennent du latin comme le français,

dans son étude sur *les Langues Romanes et leur rapport avec le*

» présentent souvent le mot intermédiaire entre un mot français et un mot
» latin dont le passage eût paru trop brusque et trop peu vraisemblable, si
» on eût voulu tirer immédiatement l'un de l'autre....
» 2° Si on veut descendre dans les détails, et considérer les différentes
» suites d'altération dans tous les langages, on verra que chaque langue, et
» dans chaque langue chaque dialecte, chaque peuple, chaque siècle,
» changent constamment certaines lettres en d'autres lettres, et se refusent
» à d'autres changements, aussi constamment usités chez leurs voisins...
» Les Italiens changent l'*l* précédé d'une consonne en *i : platca* = piazza,
» *blanc* = bianco. Les Portugais, dans les mêmes circonstances, changent
» constamment cet *l* en *r : branco*. La multiplicité des règles de critique
» qu'on peut former sur ce plan, et d'après les détails que fournira l'étude
» des grammaires, des dialectes et des révolutions de chaque langue, est *le*
» *plus sûr moyen pour donner à l'art étymologique toute la solidité dont*
» *il est susceptible...*
» 3° Il faut rejeter toute étymologie qu'on ne rend vraisemblable qu'à
» force de suppositions multipliées. Si on propose une étymologie dans
» laquelle le primitif soit tellement éloigné du dérivé, qu'il faille supposer
» entre l'un et l'autre plusieurs changements intermédiaires, la vérification
» la plus sûre qu'on en puisse faire sera l'examen de chacun de ces
» changements. L'étymologie est bonne si la chaîne de ces altérations est
» une suite de faits connus directement ou prouvés par des inductions
» vraisemblables ; elle est mauvaise si l'intervalle n'est rempli que par un
» tissu de suppositions gratuites. Ainsi, quoique *jour* soit aussi éloigné de
» *dies*, dans la prononciation qu'*alfana* l'est d'*equus*, l'une de ces étymo-
» logies est ridicule et l'autre est certaine. Quelle en est la différence? Il
» n'y a entre *jour* et *dies* que l'italien *giorno*, qui se prononce *dgiorno*, et
» le latin *diurnus*, tous mots connus et usités, au lieu que *fanacus*,
» *anacus*, *aquus*, pour dire *cheval*, n'ont jamais existé que dans l'imagi-
» nation de Ménage. »
Turgot recommande de ne point chercher tout d'abord l'origine d'un
mot dans une langue étrangère; il faut réduire ce mot à son plus simple
état, en le débarrassant des préfixes et des suffixes, puis partir du radical
ainsi obtenu :
« Souvent, ajoute-t-il, le résultat de cette décomposition se termine à
» des mots absolument hors d'usage; il ne faut pas perdre pour cela
» l'espérance de les éclaircir, sans recourir à une langue étrangère; la
» langue même dont on s'occupe s'est altérée avec le temps; l'étude des
» révolutions qu'elle a essuyées fera voir dans les monuments des siècles
» passés ces mêmes mots dont l'usage s'est perdu et dont on a conservé les
» dérivés; la lecture des anciennes chartes en découvrira beaucoup; les
» dialectes ou patois usités dans les différentes provinces en contiennent
» aussi un grand nombre; *c'est là qu'il faut chercher.* »

latin (1849, page 125); M. Egger, dans sa *Grammaire comparée* (1853, page 166), rappelèrent l'attention des savants sur le

Une des branches les plus délicates et les plus fructueuses de la philologie moderne, la comparaison des métaphores populaires dont M. Dièz a su tirer tant d'admirables inductions, est signalée par Turgot, qui en découvre aussitôt l'importance :

« Pour ce qui regarde les métaphores très-éloignées, le rapprochement des
» tours semblables dans plusieurs langues très-différentes, devient alors une
» preuve que cette façon détournée d'envisager l'objet était aussi nécessaire
» pour pouvoir lui donner un nom, qu'elle semble bizarre au premier coup-
» d'œil. Voici un exemple assez singulier qui justifiera notre règle. Rien ne
» paraît d'abord plus étonnant que de voir le nom de *pupilla*, petite fille,
» diminutif de *pupa*, prunelle de l'œil. Cette étymologie devient indubitable
» par le rapprochement du grec χόρη qui a aussi ces deux sens, et de
» l'hébreu *bath-ghnaïn*, la *prunelle*, et mot pour mot la *fille de l'œil* : à
» plus forte raison ce rapprochement est-il utile pour donner un plus grand
» degré de probabilité aux étymologies, fondées sur des métaphores moins
» éloignées. »

Il n'est pas jusqu'à la distinction si bien établie par Diez et Littré, des deux basses-latinités (celle qui a donné le roman, et celle qui a été faite sur le roman) qui ne se retrouve dans le travail de Turgot :

« On veut quelquefois donner à un mot d'une langue moderne comme le
» français, une origine tirée d'une langue ancienne comme le latin, qui
» pendant que la nouvelle se formait était parlée et écrite dans le même pays
» en qualité de langue savante. Or il faut bien prendre garde de prendre
» pour des mots latins les mots nouveaux auxquels on ajoutait des termi-
» naisons de cette langue ; soit qu'il n'y eut véritablement aucun mot latin
» correspondant, soit plutôt que ce mot fut ignoré des écrivains du temps.
» Faute d'avoir fait cette légère attention, Ménage a dérivé *marcassin* de
» *marcassinus* et il a perpétuellement assigné pour origine à des mots
» français de prétendus mots latins inconnus lorsque la langue latine était
» vivante, et qui ne sont que ces mots français latinisés par des ignorants
» mêmes : ce qui est en fait d'étymologie un cercle vicieux. »

L'auteur termine cet article, ou plutôt si l'on peut ainsi parler, cette *prophétie* philologique, en donnant à ses contemporains d'excellents conseils sur le rôle de l'histoire dans la science des langues :

« Ce sera une très-bonne loi à s'imposer, si l'on veut s'épargner bien des
» conjectures frivoles, de ne s'arrêter qu'à des suppositions appuyées sur
» un certain nombre d'inductions qui leur donnent déjà un commencement
» de probabilité, et les tirent de la classe trop étendue des simples possi-
» bilités : ainsi quoiqu'il soit vrai, en général, que tous les peuples et
» toutes les langues se sont mêlés en mille manières et dans des temps
» inconnus, on ne doit pas se prêter volontiers à faire venir de l'hébreu
» ou de l'arabe le nom d'un village des environs de Paris. La distance des

phénomène philologique des doublets, et réunirent un certain nombre d'exemples.

» temps et des lieux est toujours une raison de douter, et il est sage de ne
» franchir cet intervalle qu'en s'aidant de quelques connaissances positives
» et historiques des anciennes migrations des peuples, de leurs conquêtes,
» du commerce qu'ils ont entretenu les uns chez les autres.... D'après ces
» principes, il n'y a aucune difficulté à remonter du français au latin....
» La date du mélange des deux peuples et des temps où les langues
» anciennes ont été remplacées par de nouvelles, ne sera pas moins utile;
» on ne tirera point d'une racine celtique le nom d'une ville bâtie ou d'un
» art inventé sous les rois francs. »

Toutes ces sages maximes de critique historique devaient rester stériles : elles devançaient le XVIIIe siècle; l'article de Turgot passa inaperçu; vingt ans après, l'*Histoire naturelle de la parole* par Court de Gébelin, recueil d'absurdités et de paradoxes, passait, aux yeux des savants, pour avoir épuisé la science des langues, et trouvé la clef de la formation du langage; et toutes les réflexions de Turgot sur l'abus des étymologies hébraïques ou gauloises, n'empêchèrent point quelques années plus tard les rêveries et les divagations des celtomanes.

B.

Bain, 40.
Bagne, 40.
Balance, 40.
Banc, 40.
Bandière, 40.
Bandit, 40.
Banni, 40.
Bannière, 40.
Banque, 40.
Barrette, 30.
Basilique, 14.
Basoche, 14.
Bayant, 29.
Béant, 29.
Beau, 32.
Beau voir, 40.
Bec, 10.
Bêche, 10.
Bel, 32.
Belladone, 40.
Belle-dame, 40.
Belvédère, 40.
Benêt, 29.
Béni, 33.
Bénir, 18.
Bénit, 29, 33.
Benoit, 29.
Béret, 30.
Besogne, 35.
Besoin, 35.
Bestial, 10.
Bétail, 10.
Béton, 21.
Bien-dire, 18.
Bilan, 40.
Bill, 44.
Bitume, 21.
Blâmer, 17.
Blanchette, 28.
Blanquette, 28.
Blasphémer, 17.
Blockhaus, 45.
Blocus, 45.
Bois, 35.
Bosquet, 33.
Boudin, 45.
Bouffer, 31.
Bouffir, 31.
Bougette, 45.
Boule, 21, 44.
Bouquet, 33.
Bouter, 35.
Boutiquier, 20.
Bréviaire, 15.
Brigade, 42.

Briguée, 42.
Brimborion, 15.
Bruire, 34.
Bûche, 35.
Budget, 45.
Bulle, 21, 44.
Buter, 35.

C.

Cabane, 44.
Cabine, 44.
Cabriole, 41.
Cadène, 43.
Cadenas, 43.
Cadence, 40.
Cadran, 22.
Cadrer, 42.
Cage, 41.
Cailler, 16.
Caisse, 29, 35.
Calandre, 21.
Caleçon, 41.
Calmer, 39.
Calomnie, 14.
Calonge, 14.
Calquer, 40.
Camarade, 42, 43.
Cambrer, 29.
Camérier, 41.
Camp, 29.
Campagne, 28.
Canaille, 41.
Canal, 21.
Cancel, 27.
Cancer, 14.
Cancre, 29.
Canicule, 15.
Canonique, 14.
Cantate, 42.
Cap, 30.
Capitaine, 43.
Capital, 16.
Capitan, 43.
Capituler, 16.
Cappe, 29.
Captal, 30.
Captif, 21.
Caractère, 14.
Caraus, 14.
Carboucle, 21.
Carême, 15.
Carguer, 30.
Carnier, 29.
Carogne, 29.
Carrant, 22.
Carrer, 42.

Carrure, 19.
Carte, 21.
Cartulaire, 16.
Case, 43.
Casse, 35.
Castel, 41.
Castrat, 41.
Catafalque, 41.
Cataigne, 43.
Caucher, 39.
Cause, 21.
Cavalcade, 42.
Cavalerie, 40.
Cavalier, 40.
Cellule, 14.
Cément, 21.
Censier, 20.
Censitaire, 20.
Centenaire, 20.
Centenier, 20.
Cep, 21.
Cérat, 20.
Cercelle, 36.
Cercler, 16.
Cercueil, 15.
Cerise, 45.
Cerveau, 32.
Cervelle, 32.
Chaîne, 43.
Chaînon, 34.
Chaire, 34.
Chaise, 34.
Chalenge, 14.
Chamade, 44.
Chambrée, 42, 43.
Chambrer, 29.
Chambrière, 41.
Champ, 29.
Champagne, 28.
Chance, 40.
Chancel, 27.
Chancre, 14, 26, 29.
Chanoine, 14.
Chantée, 42.
Chanteur, 31.
Chantre, 31.
Chapitrer, 16.
Chappe, 29.
Charger, 30.
Charité, 16.
Charnier, 29.
Charogne, 29.
Charrier, 29.
Charroyer, 29.
Charte, 21.
Chartrier, 16.
Châsse, 27.
Chastée, 18.

Rayé, 19.
Réal, 44.
Rebouter, 35.
Recollet, 22.
Recouvrer, 17.
Recueilli, 22.
Récupérer; 17.
Redemption, 19, 21.
Redoute, 42.
Réduit, 42.
Réflection, 22.
Réflexion, 22,
Refuser, 19.
Régale, 19.
Régleur, 17.
Régulateur, 17.
Relâcher, 22.
Relaxer, 22.
Remembrer, 17.
Remémorer, 17.
Renégat, 42.
Renié, 42.
Renoncule, 15.
Réorte, 18.
Répit, 22.
Replier, 19.
Répliquer, 19.
Reprocher, 36.
Réputer, 16.
Réséant, 18.
Résident, 18.
Respect, 22.
Reter, 16.
Retorte, 18.
Retracter, 22.
Retraiter, 22.
Revanche, 29.
Rêve, 36.
Revêche, 42.
Revenge, 29.
Revers, 42.
Rez, 22.
Rhythme, 22.
Rigide, 15.
Rime, 22.
Roide, 15.
Rôle, 15.
Ronde, 19.
Rosaire, 20.
Rosat, 20.
Rosé, 20.
Rosier, 20.
Rotonde, 19.
Rotule, 15.
Roture, 22.
Rout, 44.
Route, 44.
Royal, 44.

Royale, 19.
Rugir, 34.
Rupture, 22.
Ruser, 19.
Ruste, 14.
Rustique, 14.

S.

Sacrement, 17.
Sain, 18,
Salade, 43.
Salaire, 20.
Salée, 43.
Salière, 20.
Salve, 22.
Salvia, 13.
Sangler, 35.
Sanglier, 17.
Sapide, 15.
Sarcelle, 36.
Sarcophage, 15.
Satin, 18.
Sauf, 22.
Sauge, 13.
Scabin, 23.
Scandale, 15.
Schiste, 42.
Scieur, 19.
Scolaire, 20.
Scorzonère, 42.
Scropule, 19.
Sécateur, 19.
Sèche, 15, 36.
Séculaire, 20.
Séculier, 20.
Sécurité, 19.
Seiche, 15, 36.
Seigneur, 31, 36.
Sein, 23.
Seing, 23.
Sembler, 17.
Senestre, 23.
Séparer, 17.
Sepia, 15.
Serment, 17.
Sevrer, 17.
Sexte, 23, 44.
Sieste, 44.
Sieur, 36.
Signe, 23.
Simuler, 17.
Singulier, 17.
Sinistre, 23.
Sinus, 23.
Sire, 31.
Sixte, 23.

Soc, 36.
Socque, 36.
Soda, 45.
Sofa, 10.
Sol, 15.
Soldat, 20.
Soldé, 20.
Solder, 32.
Solide, 15.
Solliciter, 17.
Solt, 15.
Sommaire, 20.
Sommier, 20.
Sonate, 43.
Sonnée, 43.
Sopha, 10.
Soprano, 42.
Sou, 15.
Soubresaut, 44.
Souche, 34.
Souche, 36.
Soucier, 17.
Soude, 45.
Soudé, 32, 20.
Soupçon, 17, 21.
Sourdre, 15, 31.
Sournois, 34.
Souvenir, 23.
Souverain, 42.
Spathe, 23.
Spatule, 45.
Spinule, 15.
Square, 44.
Stage, 42.
Stagnant, 23.
Stalle, 45.
Strict, 23.
Subrécargue, 44.
Subvenir, 23.
Suçon, 64.
Suction, 64.
Superfin, 23.
Surcharge, 44.
Sûreté, 19.
Surfin, 23.
Surgien, 18.
Surgir, 15, 31.
Sursaut, 44.
Suspicion, 17, 21.
Symphonie, 14.

T.

Table, 36.
Tâcher, 23.
Taciturne, 34.
Taillade, 43.

ADDITIONS & CORRECTIONS.

P. 8, ligne 1 : *d'ailleurs*, lisez *ailleurs*.

P. 14, col. 2, ligne 4, ajoutez : *Débit* est plutôt le substantif verbal de *débiter*.

P. 18, note 1, ligne 31 : *s. r*, lisez *s. v.*

P. 21, note 1, ajoutez : *exhalationem*, exhalaison-exhalation ; *liberationem*, livraison-libération : *suctionem*[*], suçon-suction.

P. 22, col. 2, ligne 15 : *plane*, lisez *Plan*.

P. 29, note 4, ajoutez : *marche-marque* du goth. *marka*.

P. 30. ligne 20, ajoutez : *fortiatus*[*], forcé-forçat (*pr. id.*).

P. 32, note 4, ajoutez : *martel-marteau*, du lat. *martellus*[*].

P. 33, ligne 19 : *domnicellus*, lisez *domnicella; —* ligne 20 : *domncellus*, lisez *domncella.*

P. 34, note 3, ajoutez : *morsellus*[*] morceau-museau (pour la discussion de cette étymologie, je renvoie au Dict. de Diez).

P. 35, ligne 12, note 1 : *Accotre*, lisez *Accoter.*

P. 41, ligne 11 : *crescentum*, lisez *crescentem.*

P. 42, note 2, ajoutez : *vermicellus*[*] donna au français *vermisseau*, à l'italien *vermicello* (dont le pluriel *vermicelli* est devenu dans notre langue *vermicelles*).

P. 43, ligne 1, ajoutez : Il vaut mieux, avec M. P. Meyer, rapporter *croisade* au provençal *crozada,* qu'à l'italien; il en est de même pour *donzelle.* Sur bien des points d'ailleurs, une origine précise est difficile à fixer, l'influence du provençal sur notre langue ayant été peu étudiée jusqu'à présent.

P. 44, ligne 21 : *bull,* lisez *bulle.*

Nogent-le-Rotrou, imprimerie de A. Gouverneur.

DICTIONNAIRE
DES DOUBLETS

OU

DOUBLES FORMES

DE LA LANGUE FRANÇAISE

PAR

Auguste BRACHET

SUPPLÉMENT

PARIS

LIBRAIRIE A. FRANCK

F. VIEWEG, PROPRIÉTAIRE

RUE DE RICHELIEU, 67

1871

DICTIONNAIRE

DES DOUBLETS

—

SUPPLÉMENT

DICTIONNAIRE DES DOUBLETS

ou

DOUBLES FORMES DE LA LANGUE FRANÇAISE.

SUPPLÉMENT.

Les présentes additions au *Dictionnaire des Doublets* que j'ai publié en 1868, comprennent un peu plus de trois cents doublets nouveaux, ce qui porte à onze cents le nombre total des doubles formes déjà observées. Afin de ne pas grossir inutilement ce supplément, je renvoie le lecteur pour les preuves de chaque étymologie à mon *Dictionnaire étymologique de la langue française ;* je supprime aussi des répétitions sans profit (telles que *mot populaire, mot savant, vieux-français*, etc.), en imprimant les mots français en italique quand ils sont d'origine populaire, en capitales quand ils sont d'origine étrangère, en romain quand ils sont d'origine savante. Un astérisque indique les mots qui n'appartiennent plus qu'à l'ancien français.

Le nombre de mots qui ont donné en français, non pas deux mais trois et parfois quatre dérivations, est si considérable qu'il vaudrait peut-être mieux donner à ce phénomène philologique un autre nom que celui de *doublet*, inventé par Catherinot en 1683 ; le nom de *dittologie* (de διττός double), proposé par K. W. L. Heyse (*System der Sprachwissenschaft*, § 90), est un équivalent également insuffisant.

En 1801, Butet *(Lexilogie*, p. xviii) appela plus justement ces formes des *dérivations divergentes*, et M. Egger, dans sa *Grammaire comparée* (p. 166), se range à l'opinion de Butet. Diez leur donne simplement le nom de *bifurcation* (*Grammat. d. Rom. Sprachen*, I, 50, 2ᵉ édit.). Mais cette dénomination suffit-elle à comprendre des formes, soit *triples*, comme :

Affectatum, *affaité, affété,* affecté.

Aquarium, *évier,* AIGUIÈRE, aquarium.

Antiquus, *anti*, antif*¹,* antique.

Aquaticus, *evage,** aquatique, AIGAGE.

Cancer, *chancre, cancre,* cancer.

Capitale, *cheptel,* CAPTAL, capital.

Cithara, *cidre*,* GUITARE, cithare.

Credentia, *créance, croyance,* crédence.

Communicare, *comenjer*,* communier, communiquer.

Concha, *coque, coche,* conque.

Cholera, *colle,* colère, cholera.

Capsa, *châsse, casse,* CAISSE.

Canonicus, *chanoine, canonge*,* canonique.

Capitulum, *chapître,* capitule, CAPITOUL.

Crispare, *créper, crépir*,* crisper.

Custodem, *coutre*, cuistre,* custode.

Domina, *dame, dom* (dominus), DUÈGNE.

Delicatus, *deugé*, délié,* délicat.

Exquadra*, *équerre,* ESCADRE, SQUARE.

Factitius, *faitis*,* factice, FÉTICHE.

Graeca, *grièche,* grecque, GRÈGUE.

Hring, *rang, harangue,* RANZ.

Homo, *on, homme,* HOMBRE (hominem).

Indicus, *inde,* indique, INDIGO.

Major, *maire,* majeur, major.

Millesimum, *millième, millime,* millésime.

Mansus, *mès*,* manse, MAS.

Muscatum, *musqué,* muscat, MUSCADE.

Navigare, *navier*, nager,* naviguer.

Papilionem, *pavillon,* papillon, PARPAILLOT.

Pannum, *pan,* panne, PAGNE.

Polypus, *poulpe,* polype, *pieuvre.*

Pensare, *peser,* panser, penser.

Piperata*, *purée, poivrée,* POIVRADE.

Pedonem*, *pion,* pédon, PÉON.

Quintana, quintaine, quintane, CANTINE.

Quaternum, *cahier,* quaterne, CASERNE.

Replicare, *replier, reployer,* répliquer.

Retiolum, *réseuil, réseau, résille,*

Spatha, *épée,* spathe, ESPADE.

Solidatum, *soudé,* SOLDÉ, SOLDAT.

Stallum*, *étal, étau,* stalle.

Sepia, *seiche, sèche,* SÉPIA.

Spiritus, *espir*³,* esprit, spirite.

Sixta, *sexte,* sixte, SIESTE.

Thyrsum, *trou* (de chou), thyrse, TORSE.

Tympanum, *timbre,* tympan, TIMBALE.

Votum, *vœu,* vote, ex-voto.

Ventosus, *venteux,* ventouse, ventôse.

---

1. *Anti* (de *antiqvus* réduit à *anticus*,* comme *ami* de *amicus*) est au féminin *antie* (de *antica*,* comme *amie* de *amica*); — *antif* (de *antiqvus**) est au féminin *antive* de *antiqva** (comme *ève* de *aqva**).

2. Vient plutôt de *crêpe* directement.

3. *Espir* n'est peut-être que le substantif verbal du v. fr. *espirer* (spirare).

Soit *quadruples*, comme :

Benedictus, *benoit, benét, bénit,*
  béni.
Bulla, *boule, bille,* bulle, BILL.
Missum, *mets, mis,* MESS, *messe*
  (missa).

Planum, *plain,* plan, plane,
  PIANO.
Persica, *péche, présse, perse,*
  persique.

Pour le classement de ces additions nouvelles, j'ai conservé les anciennes divisions de mon *Dictionnaire des Doublets*; j'ai mis, en outre, à profit les indications si précieuses de M. G. Paris dans la *Revue critique* (1868, II, 274-280), et de M. Tobler dans le *Literarisches Centralblatt* du 12 décembre 1868 (n° 51, p. 1426).

CHAPITRE I.

DOUBLETS D'ORIGINE SAVANTE.

§ 1. PERSISTANCE DE L'ACCENT LATIN.

Compositum, *compote*-composite.
Custodem, *cuistre*-custode.
Scholasticus, *écolatre**-scolastique
Aquaticus, *évage**-aquatique.
Comitem, *comte*-comite.
Implicita, *emplette*-implicite.
Millesimum, *millième*-millésime.
Persica, *péche*-persique.
Stipula, *éteule*-stipule.
Imbibere, *emboire*-imbiber.
Mica, *mie*-mica.
Manica, *manche* (masc. / fem.)-manique.
Capitulum, *chapitre*-capitule.

Arsenicum, *arsoine**-arsenic.
Umbilicus, *nombril*-ombilic.
Cholera, *colle*[1] (chaude colle)-colère.
Nubilis, *nuble**-nubile.
Fistula, *fistre**-fistule.
Glandula, *glandre**-glandule.
Originem, *orine**-origine.
Colonia, *colonge*-colonie.
Orbita, *orde**-orbite.
Tenuis, *tenve**-ténu.
Rusticus, *rustre*-rustique.
Lactea, *laite*-lactée[2].

Comble-cumul, *dette*-débit, decor-décorum ne sont point des doublets; *comble, dette, décorum* venant respectivement des formes latines *cumulum, debita, decorum*, tandis que « cumul,

---

1. Dans l'expression : *en chaude colle.*
2. Dans *voie lactée*, via lactea. Dans les autres cas *lactée* correspond à *lactata*.

débit, décor » sont les substantifs verbaux de -*cumuler*, -*débiter*, -*décorer* [1].

Prêtre (de *presbyter*), et *presbytère* (de *presbyterium*) ne se doublent point. Je ne parle point des formes telles que « elleborum, *aliboron*-ellébore », « requiem, *requin*-requiem » qui sont de pures chimères.

§ 2. SUPPRESSION DE LA VOYELLE BRÈVE.

Cinerarium, *cendrier*-cinéraire.
Craticulare, *griller*-craticuler.
Ungulatum, *onglé*-ongulé.
Articulatum, *artillé*-articulé.

Orbitaria, *ornière**-orbitaire.
Stipulare, *étioler*-stipuler.
Compositorem, *composteur*-compositeur.

Embler*-envoler ne se doublent point, le premier répondant à *involare*, le second à *indè-volare*. Il en est de même de « *mélange*-miscellanée. » Diez (*Gr.* II, 354, 2e édit.), tire *mélange* de *miscēllanea*, ce qui est tout à fait impossible, à cause de *ē* atone. (Voy. mon étude sur le *Rôle des atones latines dans les langues romanes*, p. 8). *Mélange* vient directement de *méler*, comme *vidange* de *vider*, *lavange* de *laver*.

§ 3. CHUTE DE LA CONSONNE MÉDIANE.

Li(g)atura, *liure*-ligature.
Cra(t)iculare, *griller*-craticuler.
Pe(d)onem, *pion*-pedon.
Pulsa(t)ivum*, *poussif*-pulsatif.
Co(h)ortem, *cour*-cohorte.
Procura(t)orem, *procureur*-procurateur.

Re(c)usare, *ruser*-recuser [3].
Qua(t)ernum, *cahier*-quaterne.
Fila(t)orem, *fileur*-filateur.
Po(d)agrum, *pouacre*-podagre.
Se(c)antem, *sciante*-sécante.
Vo(t)um, *vœu*-vote.
Pa(t)ella, *poéle*-patelle.

Courbure (de *curvatura*), et *courbature* (de l'ancien verbe *courbattre* [4]) ne se doublent point. Le doublet « mica, *mie-miche* »

---

1. De même *comble* (cumulum) et *décombre* ne se doublent point ; le second vient d'un radical *cumer* qui a donné en latin *cumera*, *cumerum*.

2. V. fr. *ordière*, comme *orde** de *orbita*.

3. C'est à tort que j'ai assimilé dans mon *Dict. des Doublets* les deux mots *ruser* (de *recusare*) et *refuser* (de *refutiare**).

4. *Courbattre* est primitivement un terme de vétérinaire, comme les mots *solbatu*, *solbature*.

proposé par Tobler, n'est pas admissible, *miche* ne venant point du latin, mais du flamand *micke* (pain de froment).

§ 4. SUFFIXES LATINS.

Soit en *aris* (*alis*) *-arius* :

Aestuarium, *étier*-estuaire.
Hebdomadarius, hebdomadier-hebdomadaire.
Maxillaris, *mâchelier*-maxillaire.
Mercurialis, mercuriel-mercuriale.

Dentarium, *dentier*-dentaire.
Saponaria[*], *savonnière*-saponaire.
Adversarius, *aversier*[*]-adversaire.
Victualia, *vitaille*[1]-vi..uaille.

On ne peut joindre à cette liste « censitaire-*censier* », le premier venant de *censitarius*, le second (en italien *censuario*) vient du B. L. *censarius*, qui est le L. class. *censuarius*.

Soit de *onem*, *ionem* :

Unionem, *oignon*-union.
Rogationes, *rouvaisons*[*]-rogations.
Suctionem, *suçon*-suction[2].

Fluctuationem, *flottaison*-fluctuation.
Carbonem, *charbon*-carbone.

Soit de *atus* :
Formatus, *formé*-format.

« *Muguet*-muscat » viennent l'un et l'autre de *muscum* mais ne se doublent point, étant accolés à des suffixes différents, l'un en *ettus* (muguet), l'autre en *atus* (muscat).

Ajoutons ici la liste d'un certain nombre d'autres doublets d'origine savante qui ne rentrent pas dans les catégories précédentes :

1. B. L. *vitalia*, d'où *vitaille* resté dans *ravitailler*.
2. Comme dans *nourrisson* (nutritionem), *poinçon* (punctionem), le latin passe en français du féminin au masculin, et du sens abstrait d'action de sucer, de nourrir, de piquer, au sens concret d'objet que l'on suce, d'être que l'on nourrit, d'instrument servant à piquer. L'ancien français disait de même le *prison* (prehensionem) pour captivus ; et du substantif abstrait féminin *l'élève* (action d'élever) nous avons tiré le masculin *élève* (celui qui est élevé).

Quœstorem, *quéteur*-questeur.
Punctuare* *pointer*-ponctuer.
Insignia? *enseigne*-insigne.
Affectatum, *affété*-affecté.
Ovum, *œuf*-ove.
Juxtare, *joûter*-jouxter.
Avarus, *aver**-avare.
Codex, code-codex.
Quintana, *quintaine*-quintane.
Falcare*, *faucher*-falquer.
Scintillare, *étinceler*-scintiller.
Callosus, *galeux*-calleux.
Variola, *vérole*-variole.
Musculus, *moule*-muscle.
Contractum, *contrat*-contracte.
Aureola, auréole, *loriot* (aureolum).

Romanus, *romain*-roman.
Suavis, *souef**-suave.
Intactus, *entait*-intact.
Clara, *glaire*-claire?
Gehenna, *géne*-gehenne.
Exfoliare, *effeuiller*–exfolier.
Novella, *nouvelle*-novelle.
Imperatricem, *emperairis**-impératrice.
Tactus, *tac*[1]-tact.
Mensa, *moise*[2]-mense.
Thyrsum, *trou*[3]-thyrse.
Gemelli, *jumeaux*-gémeaux.
Astrum, *âtre*-astre [4]
Citrinus, *serin*-citrin[5].
Μηνίσκος, *menois**[6]-menisque.

Affermer (de *ferme*), et affirmer (de *affirmare*), *sauf* (de *salvum*) et salve (de l'impératif *salve*) ne se doublent point[7]. Il en est de même de « *enfermer*-infirmer, *andouille*-inductile », les uns venant de *infirmare*, *inductile* avec *in* préposition, les autres venant de *infirmare*, *inductile* avec *in* négatif.

1. *Tactus* (contact) est au sens de contagion, de.lèpre, dans un fragment de l'*Itala* publié par les soins de lord Asburnham (*Lévitique*, VIII, passim), d'où le fr. *tac*, lèpre des moutons, signalé par G. Paris, *Revue Crit.*, l. c.

2. Sur *moise* = *mensa*, cf. G. Paris dans *Mém. Soc. Linguistique*, p. 291.

3. Dans l'expression *trou de chou*, cf. Diez, *Etym. Wbch*. s. v.

4. *Atre*, B. L. *astrum*, vient du v. h. allemand *astrich* (dallage). Les radicaux des deux mots sont différents ; la forme seule est identique.

5. *Serin* et *citrinus* ne s'accordant pas au point de vue de l'accentuation, il serait possible que *serin* fût un doublet de « sirène » et identique au L. *siren* (d'où p. e. là locution *à voix de serene*, de Villon) ; mais tout cela est douteux.

6. De μηνίσκος (croissant, de μήνη lune) est venu d'une part le v. fr. *menois**, pierre précieuse (comme *discus-dois**, *friscus*-frois**), — de l'autre « ménisque » (verre de lunette concavo-convexe).

7. Cependant on trouve *affirmare* dans la basse-latinité au sens d'*affermer*.

CHAPITRE II.

DOUBLETS D'ORIGINE POPULAIRE.

§ I. DÉBRIS DES ANCIENS DIALECTES FRANÇAIS.

J'avais présenté, dans mon Dictionnaire des Doublets, les formes populaires telles que *amé-aimé, amant-aimant, charrier-charroyer, plier-ployer, créance-croyance, dévoyer-dévier, bayant-béant,* comme les débris des anciens dialectes français. Avant de rectifier cette erreur manifeste, il ne sera pas inutile d'exposer ici les deux théories opposées que soutiennent sur ce point MM. Diez et Littré :

I. THÉORIE DE M. DIEZ. L'auteur de la *Grammaire des Langues Romanes* fut amené, par la découverte du principe de la diphthongaison des brèves accentuées, à la remarque plus générale [1] que le français exprimait l'importance relative des deux natures de voyelles en diphthonguant la tonique latine brève, et en laissant intacte la voyelle atone (ou en la changeant en *e* muet) : c'est pourquoi nous disons *tient* de *ténet,* et *tenons* de *tenímus ; vient* de *vénit,* et *venons* de *venímus ; lièvre* de *léporem,* et *levrier* de *lepordrius ;* roi de *régem* et *reine* (v. fr. *reïne*) de *regína ; poids* de *pésum** et *peser* de *pesáre** ; une distinction aussi délicate ne tarda point à s'obscurcir ; la lutte de l'étymologie et de l'analogie, de la tradition et de l'innovation, s'exerça dans ce domaine comme dans les autres, à mesure que s'affaiblissait dans le peuple le sentiment de la langue latine : ainsi, tandis que la vieille langue dit correctement : *je pleure* (plóro) et *plorer* (ploráre), — *je treuve* (tróvo˙) et *trouver* (trováre˙), — *je poise* (peso*) et *peser* (pesare*), — le français moderne a unifié ces deux formes et refait tantôt l'indicatif sur l'infinitif, comme dans *trouver, peser,* tantôt l'infinitif sur l'indicatif comme dans *pleurer.* A la lumière de ce principe, il est aisé de trouver l'explication des huit doublets cités au commencement de ce chapitre : *amé* (de am*átus,* comme *affamé*), *amant*

1. *Grammat. der Romanischen Sprachen,* I, 194-196, 3ᵉ éd.

(amántem), béant (badántem*), créance (credentia*), plier (pli-
cáre*), devier (de-ex-viáre*), charrier (carricáre), mécréant (minus-
credentem*) sont les anciennes formes *étymologiques*, tandis que
aimé, aimant, bayant, croyance, ployer, dévoyer, charroyer,
croyant sont les formes modernes produites par l'analogie de la
diphthongaison de la voyelle accentuée: *aime* (ámo), *baye* (bádo*),
crois (crédo*), *ploie* (plíco), *dévoie* (de-exvío), *charroie* (carríco),
croi* (crédo).

II. THÉORIE DE M. LITTRÉ. M. Littré n'admet pas que la différence de traitement de la voyelle dans doit-devoir, espoir-espérer,
lièvre-levrier, poids-peser, roi-reïne*, soit due à la différence
d'accentuation, à l'étymologie en un mot, *ni qu'elle ait pu s'exer-
cer dans le sein même du dialecte français;* pour lui, toutes ces
doubles formes sont dues à la présence simultanée d'une forme
du dialecte français, et d'une forme empruntée à l'un des dialectes voisins (picard, normand, bourguignon). L'autorité de
M. Littré est si considérable, qu'il est nécessaire d'appuyer cette
affirmation par des preuves empruntées à l'*Histoire de la langue
française* (3ᵉ édit. 1864) : « *Dans l'Ile-de-France on disait* pois,
poiser, poisant[1]; *dans l'ancien normand on disait* peis, peser,
pesant. *Ces immixtions qui rompent l'analogie sont curieuses à
étudier.* » (Hist. de la l. fr., I, 65). — « *Le français a pris* roi
qui est bourguignon à côté de reine *qui est normand.* » (Id. I,
127). « *On voit* (à propos de *roi, reine, poids, pesant*) *que nous
avons pris à droite et à gauche et accommodé à notre guise des
formes qui ne sont pas similaires.* » (Id. I, 338). « *Ce furent des
amalgames dus aux circonstances qui déterminèrent la pression
des provinces sur le Centre... Il y eut fusion et partant confusion.
Nous disons* poids *et* peser, *au lieu de dire* pois *et* poiser, *comme
les gens de l'Ile de France, ou* peis *et* peser, *comme les gens de
Normandie.* » (Id. II, 102). Et dans un autre passage (II, 115),
à propos du verbe berrichon *arreyer*, arranger (qui est à *arroi*
dans le même rapport que *conréer** à *conroi**), M. Littré contredit

---

[1]. Nous venons de voir l'inexactitude de cette assertion : l'Ile de France
disait non *pois, poiser, poisant,* mais *pois, peser, pesant.* D'ailleurs, M. Littré
contredit ici l'opinion de Burguy qu'il avait adoptée quelques pages plus
loin (I, 120).

de nouveau à la théorie de l'accentuation : « Arreyer *provient
d'un substantif* arroi *qui a disparu du langage actuel et qui,
usité dans le français de la Normandie, correspondait à* arroi *des
autres dialectes.* » (IX, 115). — Conformément à cette théorie,
M. Littré, dans son *Dictionnaire*, tire *goulot, goulu, chauderon*,
béant, bégueule*, non (comme Diez) de *gueule, chaudier, béer*, mais
de « *l'ancien français* goule, chaudère, béer *ou* bayer. » *Mécréant*
(qui pour Diez est le participe régulier de *mécroire*) est pour
M. Littré « *la prononciation normande de* croyant. » Il en résulte
que les sept doublets qui nous occupent sont, d'après M. Littré,
le produit de l'immixtion des dialectes : citons les explications du
Dictionnaire :

« Créance, *autre prononciation de* croyance *et qui provient du
verbe* creire, *tandis que* croyance *vient du verbe* croire ; creire *et*
croire *appartiennent à des dialectes différents de l'ancienne
langue.* » — « Charrier. Charrier *et* charroyer *sont deux formes
d'un même mot suivant les anciens dialectes de la France.* » Les
autres doublets ne sont pas expliqués : « Béant *ancien participe de*
béer, baer *ou* bayer. » — « Ployer, *autre forme de* plier. » —
« Amé, *du L.* amatus. » — « Amant, *de* aimer. »

III. De ces deux théories, je me range à celle de M. Diez. Je suis
d'autant plus à l'aise pour parler de la théorie de M. Littré, que
je l'ai adoptée dans ma *Grammaire Historique* et dans mon *Dictionnaire des Doublets*, comme me l'ont reproché avec raison
MM. Mussafia et Tobler [1], et que cette théorie des dialectes peut
en entraîner d'autres après moi. Non-seulement elle empêche
de comprendre les lois de la dérivation française, mais les
formes dialectales qu'elle exige sont purement hypothétiques [2].
Aussi M. Littré renvoie-t-il, sans autre explication, de *grenetier*
à *grain*, de *perron* à *pierre*, de *collerette* à *collier*, de *chenet* à
chien, etc. Cette explication, la loi de balancement de la tonique et
de l'atone l'aurait fournie sans peine.

1. L'un dans la *Zeitschrift für vergleichende Sprachforschung* de Kuhn
(XVII, 392), l'autre dans le *Literarisches Centralblatt* (1868, n° 51, p. 1426).
2. Tandis que M. Diez regarde *lièvre, pierre, collier* comme les vrais
primitifs de *levrier, perron, collerette*, etc. M. Littré cherche, pour expliquer ces dérivés, des formes anciennes *levre, perre, coller*, que le principe
de diphthongaison des brèves accentuées empêche de jamais rencontrer.

§ 2. IMPORTATIONS DES AUTRES DIALECTES.

Le dialecte de l'île de Guernesey (normand presque pur) nous a donné le mot *pieuvre* qui vient de *polypus* et forme un doublet avec *poulpe* et *polype*. (Par transposition *pól*[y]*pus, pol'pus* donne la forme *poplus* d'où le provençal *poupre*, et l'ancien guernesiais *peuvre* devenu plus tard *pieuvre*, comme *locus* devint *leu* puis *lieu*).

Nous sommes redevables au patois de la Suisse romande de *chálet* et *crétin* qui fournissent les doublets : castellettum*, *chátelet-chálet* ; — christianum, *chrétien-crétin* (le *cretin* ou *chrétin* ne peut commettre de péchés ; on appelle de même les idiots des *innocents*[1]).

§ 3. RESTES DE L'ANCIENNE DÉCLINAISON FRANÇAISE.

homo, *on*, — hominem, *homme*.
trovator*, *trouvère*, — trovatorem*, *trouveur*.
romanicia*, *romance*, — romani- cium*? *romant* (auj. *roman*)?
draco, *drac*, — dracónem, *dragon*.
brachium, *bras*, — brachia, *brasse*.

§ 4. CONFUSIONS GRAMMATICALES ET ANALOGIES.

Un certain nombre de verbes paroxytons en *ēre* ont été traités en *ĕre* par le latin rustique, d'où les doubles formes populaires :

Tacere, *taire-taisir*.
Lucere, *luire-luisir*.
Nocere, *nuire-nuisir*.
Ardere, *ardre*-ardoir*.
Movere, *muevre*-mouvoir*.
Placere, *plaire-plaisir*.
Licere, *loire*-loisir*.
Manere, *maindre*-manoir*.

On voit que les formes en *ĕre* ont disparu du français moderne ou n'y ont le plus souvent persisté qu'à l'état de substantifs (*loisir, plaisir, manoir*).

A ces formes déplaçant l'accent, nous pouvons ajouter : il-lum, *il*, illúm, *le ;* pálpebra *palpre*-paupiére*.

---

1. Le mot *ranz* (doublet de *rang*) n'est point rhétoroman comme je l'avais dit dans mon *Dict. des Doublets*; Tobler le considère avec plus de raison comme fribourgeois (cf. Bridel, *Glossaire du patois de la Suisse romande,* p. 313).

Fleurer n'est probablement qu'une simple corruption de *flairer* sous l'influence de *fleur*.

On trouve parfois deux modes de formation ; *cicer* peut ou garder le *r* final et donner le v. fr. *ceire* qui est dans le *Livre des Rois*, ou négliger cet *r* et donner *chiche*.

J'ai donné précédemment le catalogue d'un certain nombre de doublets produits par la présence simultanée de deux mots populaires qui coexistent à un degré de maturité et pour ainsi dire d'âge différent ; on peut y ajouter :

sigillum, *sceau-scel.*

non, *ne-non.*

de-ex-rationare*? *déraisonner-déraisnier.*

reticellum ou retiolum, réseau-résille, réseuil?

palus, *pal-pieu?*

martellus, *martel*[1]-*marteau.*

secare, *scier-soyer, seyer?*

inrotulare*, *enrôler, enrouler*

Ciconia, *soigne*-cigogne*[2].

Centesimus, *centième-centime.*

Decimus, *dixième-décime.*

Portatorem*, *porteur-porteux.*

Millesimum, *millième-millime.*

Falcatorem*, *faucheur-faucheux.*

Filatorem*, *fileur-filou.*

De même pour *gabeleur-gabelou, Violonneur-violonneux.*

On ne peut joindre à cette liste *baie*-bague : *baie* qui est un mot ancien vient de *bacca* par la disparition insolite de *cc* réduit à *c* puis à *i* (comme dans essu*y*er de excuccare, bra*i*e de bracca); bague (qu'on n'a point trouvé avant le xve siècle) vient de *bacca* sans que cette dérivation soit bien assurée. Le doublet proposé par G. Paris dans la *Revue Critique* « exclusa, *écluse*-exclue » n'est point admissible; « exclue » ne vient point de *exclusa;* il eût été

---

1. Dans l'expression *martel en tête.* On ne peut joindre *verrou* (de *veruculum*) et *vrille* (de *vericla**); *labour* (subst. verbal de *labourer*), et *labeur* (de *laborem*). — *Ajouter* (de *adjuxtare**) et *ajuster* (de *juste*) ne se doublent point. Il en est de même, comme l'a remarqué Tobler, de *émue* (vieux fr. *exmeue**, de *exmota*) avec *émeute* (vieux fr. *esmuete*, de *exmovita*, cf. Diez, *Etym. Wbch.*, v° *mota*).

2. *Cigogne* que l'on trouve dès le xiiie siècle est loin d'être une forme régulière et populaire ; le vieux français *soigne* persiste dans le dérivé moderne *soignole* (piston de pompe), du L. *ciconiola.* On trouve *ciconia* dans Isidore de Séville, au sens de bascule d'un puits, de perche mobile pour puiser l'eau, d'où l'espagnol *cigueña* (piston de pompe). On retrouve d'ailleurs *Soignole* dans plusieurs noms de lieux, que les anciens documents désignent par *Ciconiola.* Cf. Quicherat, *Noms de Lieux*, 81, 82.

Bastita*, *bâtie*-BASTIDE (pr. BAS-TIDA).

Bastonata*, *batonnée*-BASTONADE.

Bitumen, bitume-BÉTON (pr. BETUN).

Laudemia*, *louange*-LOSANGE (pr. LAUZENGA [1]).

Rasata*, *rasée*-RASADE (pr. RAZADA).

Piperata*, *purée*-POIVRADE (pr. PE-BRADA).

Comitatus, *comté*-COMTAT (pr. COMTAT).

Rotare, *rouer*-RODER (pr. RODAR).

Rotulata*, *roulée*-ROULADE (pr. ROL-LADA).

Trovatorem*, *trouveur*-TROUBA-DOUR (pr. mod. TROUBADOUR.)

Juratus, *juré*-JURAT (pr. JURAT),

Muscata, *musquée*-MUSCADE (pr. MUSCADA [2]).

Catena, *chaine*-CADÈNE (pr. CADENA).

Muscatum, *musqué*-MUSCAT (pr. MUSCAT).

Vicarius, vicaire-VIGUIER (pr. VI-GUIER).

§ 2. DOUBLETS D'ORIGINE ITALIENNE.

Tous les doublets ci-dessous ne remontent pas au-delà du xvᵉ siècle :

barica*, v. fr. *barge*, *barche*-BARQUE (it. BARCA).

flebilis, *faible*-FLÉBILE (it. FLEBILE).

Scarp*, *écharpe*-ESCARPE (it. SCARPA).

Cuppulam, cupule-COUPOLE (it. CUPOLA).

caronia*, *charogne*-CAROGNE (it. CAROGNA) [3].

ar. cifran, *chiffre*-ZÉRO (it. ZERO).

turc dioûann, *divan*-DOUANE (it. DOGANA, DOANA).

barcarolla*, barquerolle-BARCAROLLE (it. BARCAROLLA).

caponem, *chapon*-CAPON (it. CAPPONE).

rota, *roue*-ROTE (it. ROTA).

solidare, *souder*-SOLDER (it. SOLDARE).

saltarella*, *sauterelle*-SALTARELLE (it. SALTARELLA).

thyrsum, thyrse, TORSE (it. TORSO).

caballus, *cheval*-CAVALE (it. CAVALLO).

---

1. Sur ce mot passé en français à l'époque de la poésie courtoise, voy. Diez, *Etym. Wbch.* s. v.

2. Muscade ne vient pas de l'italien, puisqu'on trouve déjà *noix mugade* au xiiiᵉ s. (I. Rom. de la Rose, v. 1343).

3. CAROGNE nous est venu au xviᵉ siècle par la comédie italienne. L'an-cienne forme picarde *carogne* que l'on trouve au xiiᵉ s. n'est pas employée au sens figuré.

pastillus, pastille-PASTEL (it. PASTELLO, petit pain de couleur broyée dans l'eau).

Du grec πύξος (buis), la forme πυξίς (boîte), d'où par le génitif πυξίδος le bas-latin *pyxida, puxida* que l'on trouve au VIIIe siècle sous la forme *buxida, buxda*, qui a donné d'une part le fr. *boiste, boîte,* — d'autre part l'italien *busto* (tronc humain par assimilation à un coffre) d'où, au XVIe siècle, le terme de sculpture *buste.*

Vertueux-VIRTUOSE forment-ils un doublet? Je le crois, sans l'affirmer. VIRTUOSE vient certainement de virtuosus qui est dans Prudence; mais pour se rattacher au même original latin, *vertueux* (qui est un mot populaire) devrait être *verteux*[1]; la présence de l'*u* français fait croire à la chute d'une consonne médiane qui persiste encore dans le provençal *vertudos*, du L. *virtutosus**.

On ne peut joindre à cette liste *croissant*-CRESCENDO, le premier venant du L. *crescentem*, et le second étant une forme de gérondif. Enfin Diez ayant remarqué que *tiois* ne peut venir de theotiscus[2], ce mot ne forme point un doublet avec TUDESQUE venu de l'it. TEDESCO (L. theotiscum).

§ 3. DOUBLETS D'ORIGINE ESPAGNOLE.

Juncta, *jointe*-JUNTE (esp. JUNTA).
salata, *salée*-SALADE (esp. SALADA).
graecas, grecques-GRÈGUES (esp. GRIEGOS, GREGUESCOS).
indicum, indique-INDIGO (esp. INDIGO).
pedonem, *pion*-PÉON (esp. PEON).

On peut y joindre ALGUAZIL-ARGOUSIN, dont le dernier terme (écrit au XVIe siècle *algosan*) est une corruption du premier. Le portugais nous a fourni le doublet : materia, matière-MADÈRE (les navigateurs qui découvrirent cette île en 1419 lui donnèrent le nom de *Madeira* à cause des bois dont elle était couverte) : le portug. *madeira* vient du L. *materia* (au sens de bois de charpente).

---

1. Par la réduction régulière de l'hiatus *uo* à *o*: *duos, dos, deux*; — *suos,* *sos, ses,* etc...

2. A cause de la forme féminine *tioise* qui eût été *tioische* venant de *theotisca; tiois* dérive d'un type *theotensis**.

§ 4. DOUBLETS D'ORIGINE ANGLAISE.

Outre coquus, *queux*-COQ (angl. COOK), et Missum *mets*-MESS (angl. MESS) [1], on peut ajouter aux doublets précédemment cités des formes telles que *bœuf rôti* qui correspond à ROSBIF (de l'angl. ROSTBEEF qui est pour *roasted beef*), —VERDICT (du L. *verè dictum*) correspondant au français *voire dit*.

§ 5. DOUBLETS EMPRUNTÉS A D'AUTRES LANGUES.

Aux doublets allemands, nous pouvons ajouter « speculum-ESPIÈGLE » [2].

Aux doublets sémitiques [3] *échec*-SCHAH, — et aussi *gabelle*-CABALE (que Dozy identifie dans la nouvelle édition du *Glossaire* d'Engelmann, p. 75, s. v. *alcabala*).

---

1. Le doublet « mensa, mense-MESS », donné dans le *Dict. des Doublets*, est faux.

2. On sait que le L. *speculum* a donné l'allemand *Spiegel* (miroir). Pour le rapport de *Spiegel* au français *espiègle*, voy. mon *Dictionnaire Etymologique*.

3. C'est à tort que M. G. Paris, dans la *Rev. Crit.* (l. c.), place « gehenna *géne*-géhenne » dans les doublets d'origine sémitique ; dans un Dictionnaire de Doublets français, ce mot qui est dans Tertullien et dans la Vulgate et vient directement du grec γέεννα (transcrit par les Septante de l'hébreu *gehinnom*) doit nécessairement être placé dans les mots d'origine latine ; autant vaudrait dire que nous avons en français des doublets aryens.

Nogent-le-Rotrou, imprimerie de A. Gouverneur.

APPENDICE.

ÉTYMOLOGIE DE *CADEAU*.

(Voy. ci-dessus, p. 13, note 7).

On sait quelle est l'étymologie reçue de ce mot : « traits enchaînés ou entrelacés dont les maîtres d'écriture ornent leurs modèles ; puis, par extension, choses inutiles et de pure fantaisie, puis divertissements, et enfin *don*. Au sens de traits d'écriture entrelacés, *cadeau* vient du L. *catellus*, diminutif de *catena* (chaîne). » Ménage est l'auteur de cette étymologie, qui depuis a été reproduite sans discussion par Diez, Schéler et Littré.

Avant d'en rechercher l'exactitude, voyons, par les anciens dictionnaires, quel est le sens originaire du mot *cadeau :*

En 1549, R. Estienne donne le mot dans son *Dict. fr.-latin :* « CADEAU, *cadeler des lettres.* »

En 1604, Nicot, dans son *Thrésor :* CADEAU *est une grande lettre capitale... Litera majuscula.* CADELER *est faire un cadeau.* »

En 1655, Borel, dans ses *Antiquités gauloises :* « CADEAU... *grosse lettre ; paraphe ;... ornements que les maîtres d'écriture mettent autour de leurs exemples.* »

En 1681, Richelet, dans son *Dictionnaire :* « CADEAU, *traits de plume des maîtres d'écriture ;* — 2º *chose spécieuse et inutile :* faire des cadeaux ; — 3º *grand repas,* donner des cadeaux aux dames. » On voit ici la transition de sens nettement marquée. Le dernier sens de repas, de fête, particulièrement de fête donnée aux dames, est très-fréquent dans Molière (voy. *Lexique* de Génin), et Lafontaine (dans ses Lettres, XXI) : « Dieu me gard de feu et d'eau, De mauvais vin dans un *cadeau,* De maîtresse ayant trop d'esprit.... ». Le sens de *don* n'apparaît pas encore : M. Littré sous la rubrique : *Don, présent que l'on fait à quelqu'un,* prétend l'avoir trouvé dès 1685, et cite cet exemple d'une comédie de Montfleury *(Femme juge et partie,* 3, 2. en 1685) : « Quoi ! parce que des sots se piquent du *pompeux appareil* d'un *cadeau nuptial,* il faut faire comme eux. » On voit qu'ici le mot ne signifie point présent, don, mais fête de noces. D'ailleurs ce qui rend l'hypothèse de M. Littré peu probable, c'est que les dictionnaires postérieurs ne font jusqu'en 1762 aucune mention du sens de don, de présent. (L'*Académie* de 1694, 1718, 1740, le *Furetière* de 1690, le *Trévoux* de 1704, 1743 se bornent à reproduire le sens donné par Richelet en 1681.)

En résumé la série des sens est celle-ci : lettres *majuscules* et ornées, puis ornements d'écriture (paraphes et enchaînements de traits), d'où le sens de futilités, et superfluités ; puis de divertissements offerts aux dames; postérieurement présent fait aux dames, et enfin présent en général.

Le sens primitif de *cadeau* ou *cadel* étant lettre majuscule, on voit que le mot n'a rien à faire avec *catellus*, qui signifie une petite chaîne. Les majuscules sont désignées sous le nom de *capitaneæ* dans le recueil de Lachmann, *Gromatici veteres*, Berlin, 1848, p. 362. Eckehardus junior (*De cas. S. Galli.* ch. I. d. DC.) les appelle *capitulares*. Le sens de *tête* du mot étant l'idée principale de ces dénominations, je tire *cadel* d'un mot analogue, *capitellum* (diminutif de *caput*) qui est dans Végèce et St Jérome. *Capitellum* donne *cadel* comme *capitastrum*ˣ donne *cadastre*, comme *capitettum*ˣ donne *cadet*, par l'influence provençale; d'autre part, le L. *capitellum* donne la forme savante *chapitel* (aujourd'hui *chapiteau*) dont Littré ne cite pas d'exemples antérieurs au xvᵉ siècle, et qui eut été *chatel* dans le français populaire [1].— D'où finalement le doublet : *capitellum*, chapiteau-CADEAU.

1. *Capitellum* a donné au français populaire *chadel*, que l'on trouve au sens de *capitaine*, dans la *Chronique des Ducs de Normandie*, I, 279, v. 5636: Dunt si s'esteient esloignié E departi de lur *chadel*, De Rou le buen, le proz, le bel.

Quant au changement de *t* latin précédé d'une consonne en *d*, on retrouve cette permutation irrégulière dans *cuider* (cog'tare*), *aider* (aj'tare*), *malade* (male-aptus*; aussi *ate*ˣ il est vrai); il faut supposer que dans ces mots le *t* s'était déjà changé en *d* dans le latin vulgaire, comme le prouve la forme connue *didus* (Loi Salique, édit. Pardessus, p. 351) pour *dig'tus*.

Du substantif *chadel* est venu le verbe *chadeler* (conduire, diriger), qui s'est transformé en *chaeler* (Chron. de Jordan Fantosme, XXII, v. 3), par la chute du *d* que le français a traité comme un *d* latin médial.

CORRECTIONS.

P. 2, l. 2. *Aiguière* vient en réalité de *aquaria*. Mais je le place sous la rubrique *aquarium*, avec ce sous-entendu (que l'on retrouvera plusieurs fois dans ce *Supplément*, ainsi que d'autres abréviations élémentaires).

P. 11, l. 12. Supprimer *decimus, centesimus, millesimus* et les dérivations qui les suivent. *Decima, centesimum, millesimum* n'ont pu donner en français que *dîme, centième, millième; dixième* est un dérivé français de *dix*, et n'a pas de rapport avec *decimum.* Quant à *décime*, c'est une forme savante de *decimum*, d'après laquelle les inventeurs du Système Métrique ont forgé par analogie *centime* et *millime*. Supprim. aussi les lignes 2 et 3 de la p. 2.

P. 12, l. 15. Ajoutez : fallere-*faillir, falloir*; manducare-*manger, manger*.

INDEX.

TABLE DES MATIÈRES.

Nogent-le-Rotrou, imprimerie de A. Gouverneur.

DICTIONNAIRE

DES DOUBLETS

—

SUPPLÉMENT

DICTIONNAIRE DES DOUBLETS

OU

DOUBLES FORMES DE LA LANGUE FRANÇAISE.

SUPPLÉMENT.

Les présentes additions au *Dictionnaire des Doublets* que j'ai publié en 1868, comprennent un peu plus de trois cents doublets nouveaux, ce qui porte à onze cents le nombre total des doubles formes déjà observées. Afin de ne pas grossir inutilement ce supplément, je renvoie le lecteur pour les preuves de chaque étymologie à mon *Dictionnaire étymologique de la langue française ;* je supprime aussi des répétitions sans profit (telles que *mot populaire, mot savant, vieux-français,* etc.), en imprimant les mots français en italique quand ils sont d'origine populaire, en capitales quand ils sont d'origine étrangère, en romain quand ils sont d'origine savante. Un astérisque indique les mots qui n'appartiennent plus qu'à l'ancien français.

Le nombre de mots qui ont donné en français, non pas deux mais trois et parfois quatre dérivations, est si considérable qu'il vaudrait peut-être mieux donner à ce phénomène philologique un autre nom que celui de *doublet*, inventé par Catherinot en 1683 ; le nom de *dittologie* (de διττός double), proposé par K. W. L. Heyse (*System der Sprachwissenschaft*, § 90), est un équivalent également insuffisant.

En 1804, Butet (*Lexilogie*, p. xviii) appela plus justement ces formes des *dérivations divergentes*, et M. Egger, dans sa *Grammaire comparée* (p. 166), se range à l'opinion de Butet. Diez leur donne simplement le nom de *bifurcation* (*Grammat. d. Rom. Sprachen*, I, 50, 2ᵉ édit.). Mais cette dénomination suffit-elle à comprendre des formes, soit *triples*, comme :

Affectatum, *affaité, affété*, affecté.

Aquarium, *évier*, AIGUIÈRE, aqua-rium.

Antiquus, *anti*, antif*¹*, antique.

Aquaticus, *evage,** aquatique, AIGAGE.

Cancer, *chancre, cancre*, cancer.

Capitale, *cheptel*, CAPTAL, capital.

Cithara, *cidre**, GUITARE, cithare.

Credentia, *créance, croyance*, crédence.

Communicare, *comenjer**, com-munier, communiquer.

Concha, *coque, coche*, conque.

Cholera, *colle*, colère, cholera.

Capsa, *châsse, casse*, CAISSE.

Canonicus, *chanoine, canonge**, canonique.

Capitulum, *chapitre*, capitule, CAPITOUL.

Crispare, *créper, crépir**, crisper.

Custodem, *coutre*, cuistre*, custode.

Domina, *dame, dom* (dominus), DUÈGNE.

Delicatus, *deugé*, délié*, délicat.

Exquadra*, *équerre*, ESCADRE, SQUARE.

Factitius, *faitis**, factice, FÉTICHE.

Graeca, *grièche*, grecque, GRÈGUE.

Hring, *rang, harangue*, RANZ.

Homo, *on, homme*, HOMBRE (ho-minem).

Indicus, *inde*, indique, INDIGO.

Major, *maire*, majeur, major.

Millesimum, *millième, millime*, millésime.

Mansus, *mès**, manse, MAS.

Muscatum, *musqué*, muscat, MUS-CADE.

Navigare, *navier*, nager*, naviguer.

Papilionem, *pavillon*, papillon, PARPAILLOT.

Pannum, *pan*, panne, PAGNE.

Polypus, *poulpe*, polype, *pieuvre*.

Pensare, *peser*, panser, penser.

Piperata*, *purée, poivrée*, POI-VRADE.

Pedonem*, *pion*, pédon, PÉON.

Quintana, quintaine, quintane, CANTINE.

Quaternum, *cahier*, quaterne, CASERNE.

Replicare, *replier, reployer*, ré-pliquer.

Retiolum, *réseuil, réseau, résille*,

Spatha, *épée*, spathe, ESPADE.

Solidatum, *soudé*, SOLDÉ, SOLDAT.

Stallum*, *étal, étau*, stalle.

Sepia, *seiche, sèche*, SÉPIA.

Spiritus, *espir*⁵*, esprit, spirite.

Sixta, *sexte*, sixte, SIESTE.

Thyrsum, *trou* (de chou), thyrse, TORSE.

Tympanum, *timbre*, tympan, TIMBALE.

Votum, *vœu*, vote, ex-voto.

Ventosus, *venteux*, ventouse, ventôse.

---

1. *Anti* (de *antiquus* réduit à *anticus**, comme *ami* de *amicus*) est au fémi-nin *antie* (de *antica**, comme *amic* de *amica*); — *antif* (de *antiqvus**) est au féminin *antive* de *antiqva** (comme *ève* de *aqva**).

2. Vient plutôt de *crêpe* directement.

3. *Espir* n'est peut-être que le substantif verbal du v. fr. *espirer* (spi-rare).

Soit *quadruples*, comme :

Benedictus, *benoît, benêt, bénit, béni.*

Bulla, *boule, bille,* bulle, BILL.

Missum, *mets, mis,* MESS, *messe* (missa).

Planum, *plain,* plan, plane, PIANO.

Persica, *pêche, présse, perse,* persique.

Pour le classement de ces additions nouvelles, j'ai conservé les anciennes divisions de mon *Dictionnaire des Doublets ;* j'ai mis, en outre, à profit les indications si précieuses de M. G. Paris dans la *Revue critique* (1868, II, 274-280), et de M. Tobler dans le *Literarisches Centralblatt* du 12 décembre 1868 (n° 51, p. 1426).

CHAPITRE I.

DOUBLETS D'ORIGINE SAVANTE.

§ 1. PERSISTANCE DE L'ACCENT LATIN.

Compositum, *compote*-composite.

Custodem, *cuistre*-custode.

Scholasticus,*écolatre*-scolastique

Aquaticus, *évage*-aquatique.

Comitem, *comte*-comite.

Implicita, *emplette*-implicite.

Millesimum, *millième*-millésime.

Persica, *pêche*-persique.

Stipula, *éteule*-stipule.

Imbibere, *emboire*-imbiber.

Mica, *mie*-mica.

Manica, *manche*-manique.

Capitulum, *chapitre*-capitule.

Arsenicum, *arsoine*-arsenic.

Umbilicus, *nombril*-ombilic.

Cholera, *colle*[1] (chaude colle)-colère.

Nubilis, *nuble*-nubile.

Fistula, *fistre*-fistule.

Glandula, *glandre*-glandule.

Originem, *orine*-origine.

Colonia, *colonge*-colonie.

Orbita, *orde*-orbite.

Tenuis, *tenve*-ténu.

Rusticus, *rustre*-rustique.

Lactea, *laite*-lactée [2].

Comble-cumul, *dette*-débit, decor-décorum ne sont point des doublets ; *comble, dette, décorum* venant respectivement des formes latines *cumulum, debita, decorum,* tandis que « cumul,

---

1. Dans l'expression : *en chaude colle.*

2. Dans *voie lactée,* via lactea. Dans les autres cas *lactée* correspond à *lactata.*

débit, décor » sont les substantifs verbaux de *-cumuler*, *-débiter*, *-décorer* [1].

Prêtre (de *presbyter*), et *presbytère* (de *presbyterium*) ne se doublent point. Je ne parle point des formes telles que « elleborum, *aliboron*-ellébore », « requiem, *requin*-requiem » qui sont de pures chimères.

§ 2. SUPPRESSION DE LA VOYELLE BRÈVE.

Cinerarium, *cendrier*-cinéraire.
Craticulare, *griller*-craticuler.
Ungulatum, *onglé*-ongulé.
Articulatum, *artillé*-articulé.

Orbitaria, *ornière* [2]-orbitaire.
Stipulare, *étioler*-stipuler.
Compositorem, *composteur*-compositeur.

Embler [*]-*envoler* ne se doublent point, le premier répondant à *involare*, le second à *indè-volare*. Il en est de même de « *mélange*-miscellanée. » Diez (*Gr.* II, 354, 2ᵉ édit.), tire *mélange* de *miscellanea*, ce qui est tout à fait impossible, à cause de *ē* atone. (Voy. mon étude sur le *Rôle des atones latines dans les langues romanes*, p. 8). *Mélange* vient directement de *mêler*, comme *vidange* de *vider*, *lavange* de *laver*.

§ 3. CHUTE DE LA CONSONNE MÉDIANE.

Li(g)atura, *liure*-ligature.
Cra(t)iculare, *griller*-craticuler.
Pe(d)onem, *pion*-pedon.
Pulsa(t)ivum*, *poussif*-pulsatif.
Co(h)ortem, *cour*-cohorte.
Procura(t)orem, *procureur*-procurateur.

Re(c)usare, *ruser*-recuser [3].
Qua(t)ernum, *cahier*-quaterne.
Fila(t)orem, *fileur*-filateur.
Po(d)agrum, *pouacre*-podagre.
Se(c)antem, *sciante*-sécante.
Vo(t)um, *vœu*-vote.
Pa(t)ella, *poéle*-patelle.

Courbure (de *curvatura*), et *courbature* (de l'ancien verbe *courbattre* [4]) ne se doublent point. Le doublet « mica, *mie-miche* »

---

1. De même *comble* (cumulum) et *décombre* ne se doublent point ; le second vient d'un radical *cumer* qui a donné en latin *cumera*, *cumerum*.

2. V. fr. *ordière*, comme *orde* [*] de *orbita*.

3. C'est à tort que j'ai assimilé dans mon *Dict. des Doublets* les deux mots *ruser* (de *recusare*) et *refuser* (de *refutiare* [*]).

4. *Courbatre* est primitivement un terme de vétérinaire, comme les mots *solbatu*, *solbature*.

proposé par Tobler, n'est pas admissible, *miche* ne venant point du latin, mais du flamand *micke* (pain de froment).

§ 4. SUFFIXES LATINS.

Soit en *aris (alis)* -*arius* :

Aestuarium, *étier*-estuaire.
Hebdomadarius, hebdomadier-hebdomadaire.
Maxillaris, *mâchelier*-maxillaire.
Mercurialis, mercuriel-mercuriale.

Dentarium, *dentier*-dentaire.
Saponaria[*], *savonnière*-saponaire.
Adversarius, *aversier*[*]-adversaire.
Victualia, *vitaille*[1]-victuaille.

On ne peut joindre à cette liste « censitaire-*censier* », le premier venant de *censitarius*, le second (en italien *censuario*) vient du B. L. *censarius*, qui est le L. class. *censuarius*.

Soit de *onem*, *ionem* :

Unionem, *oignon*-union.
Rogationes, *rouvaisons*[*]-roga-tions.
Suctionem, *suçon*-suction[2].

Fluctuationem, *flottaison*-fluctua-tion.
Carbonem, *charbon*-carbone.

Soit de *atus* :
Formatus, *formé*-format.

« *Muguet*-muscat » viennent l'un et l'autre de *muscum* mais ne se doublent point, étant accolés à des suffixes différents, l'un en *ettus* (mugu*et*), l'autre en *atus* (mus*cat*).

Ajoutons ici la liste d'un certain nombre d'autres doublets d'origine savante qui ne rentrent pas dans les catégories précédentes :

1. B. L. *vitalia*, d'où *vitaille* resté dans *ravitailler*.
2. Comme dans *nourrisson* (nutritionem), *poinçon* (punctionem), le latin passe en français du féminin au masculin, et du sens abstrait d'action de sucer, de nourrir, de piquer, au sens concret d'objet que l'on suce, d'être que l'on nourrit, d'instrument servant à piquer. L'ancien français disait de même le *prison* (prehensionem) pour captivus ; et du substantif abstrait féminin *l'élève* (action d'élever) nous avons tiré le masculin *élève* (celui qui est élevé).

Quœstorem, *quéteur*-questeur.
Punctuare* *pointer*-ponctuer.
Insignia? *enseigne*-insigne.
Affectatum, *afféte*-affecté.
Ovum, *œuf*-ove.
Juxtare, *jouter*-jouxter.
Avarus, *aver**-avare.
Codex, code-codex.
Quintana, *quintaine*-quintane.
Falcare*, *faucher*-falquer.
Scintillare, *étinceler*-scintiller.
Callosus, *galeux*-calleux.
Variola, *vérole*-variole.
Musculus, *moule*-muscle.
Contractum, *contrat*-contracte.
Aureola, auréole, *loriot* (aureolum).

Romanus, *romain*-roman.
Suavis, *souef**-suave.
Intactus, *entait**-intact.
Clara, *glaire*-claire?
Gehenna, *géne*-gehenne.
Exfoliare, *effeuiller*-exfolier.
Novella, *nouvelle*-novelle.
Imperatricem, *emperairis**-impératrice.
Tactus, *iac*[1]-tact.
Mensa, *moise*[2]-mense.
Thyrsum, *trou*[3]-thyrse.
Gemelli, *jumeaux*-gémeaux.
Astrum, *âtre*-astre [4]
Citrinus, *serin*-citrin [5].
Μηνίσκος, *menois**[6]-menisque.

Affermer (de *ferme*), et affirmer (de *affirmare*), *sauf* (de *salvum*) et salve (de l'impératif *salve*) ne se doublent point [7]. Il en est de même de « *enfermer*-infirmer, *andouille*-inductile », les uns venant de *infirmare*, *inductile* avec *in* préposition, les autres venant de *infirmare*, *inductile* avec *in* négatif.

1. *Tactus* (contact) est au sens de contagion, de lèpre. dans un fragment de l'*Itala* publié par les soins de lord Asburnham (*Lévitique*, VIII, passim), d'où le fr. *tac*, lèpre des moutons, signalé par G. Paris, *Revue Crit.*, l. c.

2. Sur *moise* = *mensa*, cf. G. Paris dans *Mém. Soc. Linguistique*, p. 291.

3. Dans l'expression *trou de chou*, cf. Diez, *Etym. Wbch. s. v.*

4. *Atre*, B. L. *astrum*, vient du v. h. allemand *astrich* (dallage). Les radicaux des deux mots sont différents ; la forme seule est identique.

5. *Serin* et *citrinus* ne s'accordant pas au point de vue de l'accentuation, il serait possible que *serin* fût un doublet de « sirène » et identique au L. *siren* (d'où p. e. la locution *à voix de serene*, de Villon); mais tout cela est douteux.

6. De μηνίσκος (croissant, de μήνη lune) est venu d'une part le v. fr. *menois**, pierre précieuse (comme *discus*-dois*, *friscus*-frois*), — de l'autre « ménisque » (verre de lunette concavo-convexe).

7. Cependant on trouve *affirmare* dans la basse-latinité au sens d'*affermer*.

CHAPITRE II

DOUBLETS D'ORIGINE POPULAIRE.

§ I. DÉBRIS DES ANCIENS DIALECTES FRANÇAIS.

J'avais présenté, dans mon Dictionnaire des Doublets, les formes populaires telles que *amé-aimé*, *amant-aimant*, *charrier-charroyer*, *plier-ployer*, *créance-croyance*, *dévoyer-dévier*, *bayant-béant*, comme les débris des anciens dialectes français. Avant de rectifier cette erreur manifeste, il ne sera pas inutile d'exposer ici les deux théories opposées que soutiennent sur ce point MM. Diez et Littré :

1. THÉORIE DE M. DIEZ. L'auteur de la *Grammaire des Langues Romanes* fut amené, par la découverte du principe de la diphthongaison des brèves accentuées, à la remarque plus générale [1] que le français exprimait l'importance relative des deux natures de voyelles en diphthonguant la tonique latine brève, et en laissant intacte la voyelle atone (ou en la changeant en *e* muet) : c'est pourquoi nous disons *tient* de *ténet*, et *tenons* de *tenímus; vient* de *vénit*, et *venons* de *venímus; lièvre* de *léporem*, et *levrier* de *lepordrius; roi* de *régem* et *reine* (v. fr. *reïne*) de *regína; poids* de *pésum** et *peser* de *pesáre**; une distinction aussi délicate ne tarda point à s'obscurcir ; la lutte de l'étymologie et de l'analogie, de la tradition et de l'innovation, s'exerça dans ce domaine comme dans les autres, à mesure que s'affaiblissait dans le peuple le sentiment de la langue latine : ainsi, tandis que la vieille langue dit correctement : *je pleure* (plóro) et *plorer* (ploráre), — *je treuve* (tróvo*) et *trouver* (trovdre*), — *je poise* (peso*) et *peser* (pesare*), — le français moderne a unifié ces deux formes et refait tantôt l'indicatif sur l'infinitif, comme dans *trouver*, *peser*, tantôt l'infinitif sur l'indicatif comme dans *pleurer*. A la lumière de ce principe, il est aisé de trouver l'explication des huit doublets cités au commencement de ce chapitre : *amé* (de *amátus*, comme *affamé*), *amant*

1. *Grammat. der Romanischen Sprachen*, I, 194-196, 3e éd.

(am*ántem*), *béant* (bad*ántem*'), *créance* (*credentia*'), *plier* (*pli-cáre*'), *devier* (*de-ex-viáre*'), *charrier* (*carricáre*), *mécréant* (*minus-credentem*') sont les anciennes formes *étymologiques*, tandis que *aimé*, *aimant*, *bayant*, *croyance*, *ployer*, *dévoyer*, *charroyer*, *croyant* sont les formes modernes produites par l'analogie de la diphthongaison de la voyelle accentuée: *aime* (ámo), *baye* (bádo'), *crois* (crédo'), *ploie* (plíco), *dévoie* (de-exvío), *charroie* (carríco), *croi*' (crédo).

II. THÉORIE DE M. LITTRÉ. M. Littré n'admet pas que la diffé-rence de traitement de la voyelle dans do*i*t-do*e*voir, espo*i*r-espé*r*er, liè*v*re-le*v*rier, po*i*ds-po*e*ser, ro*i*-re*ï*ne', soit due à la différence d'accentuation, à l'étymologie en un mot, *ni qu'elle ait pu s'exer-cer dans le sein même du dialecte français ;* pour lui, toutes ces doubles formes sont dues à la présence simultanée d'une forme du dialecte français, et d'une forme empruntée à l'un des dia-lectes voisins (picard, normand, bourguignon). L'autorité de M. Littré est si considérable, qu'il est nécessaire d'appuyer cette affirmation par des preuves empruntées à l'*Histoire de la langue française* (3ᵉ édit. 1864) : « *Dans l'Ile-de-France on disait* pois, poiser, poisant [1]; *dans l'ancien normand on disait* peis, peser, pesant. *Ces immixtions qui rompent l'analogie sont curieuses à étudier.* » (Hist. de la l. fr., I, 65). — « *Le français a pris* roi *qui est bourguignon à côté de* reine *qui est normand.* » (Id. I, 127). « *On voit* (à propos de *roi, reine, poids, pesant*) *que nous avons pris à droite et à gauche et accommodé à notre guise des formes qui ne sont pas similaires.* » (Id. I. 338). « *Ce furent des amalgames dus aux circonstances qui déterminèrent la pression des provinces sur le Centre... Il y eut fusion et partant confusion. Nous disons* poids *et* peser, *au lieu de dire* pois *et* poiser, *comme les gens de l'Ile de France, ou* peis *et* peser, *comme les gens de Normandie.* » (Id. II, 102). Et dans un autre passage (II, 115), à propos du verbe berrichon *arreyer*, arranger (qui est à *arroi* dans le même rapport que *conréer*' à *conroi*'), M. Littré contredit

---

1. **Nous venons de voir l'inexactitude de cette assertion : l'Ile de France disait non** *pois, poiser, poisant*, **mais** *pois, peser, pesant*. **D'ailleurs, M. Littré contredit ici l'opinion de Burguy qu'il avait adoptée quelques pages plus loin (I, 120).**

de nouveau à la théorie de l'accentuation : « Arreyer *provient d'un substantif* arroi *qui a disparu du langage actuel et qui, usité dans le français de la Normandie, correspondait à* arroi *des autres dialectes.* » (IX, 115). — Conformément à cette théorie, M. Littré, dans son *Dictionnaire,* tire *goulot, goulu, chauderon*, béant, bégueule,* non (comme Diez) de *gueule, chaudier, béer,* mais de « *l'ancien français* goule, chaudère, béer *ou* bayer. » *Mécréant* (qui pour Diez est le participe régulier de *mécroire*) est pour M. Littré « *la prononciation normande de* croyant. » Il en résulte que les sept doublets qui nous occupent sont, d'après M. Littré, le produit de l'immixtion des dialectes : citons les explications du *Dictionnaire :*

« Créance, *autre prononciation de* croyance *et qui provient du verbe* creire, *tandis que* croyance *vient du verbe* croire ; creire *et* croire *appartiennent à des dialectes différents de l'ancienne langue.* » — « Charrier. Charrier *et* charroyer *sont deux formes d'un même mot suivant les anciens dialectes de la France.* » Les autres doublets ne sont pas expliqués : « Béant *ancien participe de* béer, baer *ou* bayer. » — « Ployer, *autre forme de* plier. » — « Amé, *du L.* amatus. » — « Amant, *de* aimer. »

III. De ces deux théories, je me range à celle de M. Diez. Je suis d'autant plus à l'aise pour parler de la théorie de M. Littré, que je l'ai adoptée dans ma *Grammaire Historique* et dans mon *Dictionnaire des Doublets,* comme me l'ont reproché avec raison MM. Mussafia et Tobler [1], et que cette théorie des dialectes peut en entraîner d'autres après moi. Non-seulement elle empêche de comprendre les lois de la dérivation française, mais les formes dialectales qu'elle exige sont purement hypothétiques [2]. Aussi M. Littré renvoie-t-il, sans autre explication, de *grenetier* à *grain,* de *perron* à *pierre,* de *collerette* à *collier,* de *chenet* à *chien,* etc. Cette explication, la loi de balancement de la tonique et de l'atone l'aurait fournie sans peine.

1. L'un dans la *Zeitschrift für vergleichende Sprachforschung* de Kuhn (XVII, 392), l'autre dans le *Literarisches Centralblatt* (1868, n° 51, p. 1426).
2. Tandis que M. Diez regarde *lièvre, pierre, collier* comme les vrais primitifs de *levrier, perron, collerette,* etc. M. Littré cherche, pour expliquer ces dérivés, des formes anciennes *levre, perre, coller,* que le principe de diphthongaison des brèves accentuées empêche de jamais rencontrer.

§ 2. IMPORTATIONS DES AUTRES DIALECTES.

Le dialecte de l'île de Guernesey (normand presque pur) nous a donné le mot *pieuvre* qui vient de *polypus* et forme un doublet avec *poulpe* et *polype*. (Par transposition *pól[y]pus*, *pol'pus* donne la forme *poplus* d'où le provençal *poupre*, et l'ancien guernesiais *peuvre* devenu plus tard *pieuvre*, comme *locus* devint *leu* puis *lieu*).

Nous sommes redevables au patois de la Suisse romande de *châlet* et *crétin* qui fournissent les doublets : castellettum*, *châ-telet-châlet* ; — christianum, *chrétien-crétin* (le *cretin* ou *chrétin* ne peut commettre de péchés ; on appelle de même les idiots des *innocents*[1]).

§ 3. RESTES DE L'ANCIENNE DÉCLINAISON FRANÇAISE.

homo, *on*, — hominem, *homme*.
trovator*, *trouvère*, — trovatorem*, *trouveur*.
romanicia*, *romance*, — romani-
cium*? *romant* (auj. *roman*)?
draco, *drac*, — draconem, *dra-gon*.
brachium, *bras*, — brachia, *brasse*.

§ 4. CONFUSIONS GRAMMATICALES ET ANALOGIES.

Un certain nombre de verbes paroxytons en *ēre* ont été traités en *ĕre* par le latin rustique, d'où les doubles formes populaires :

Tacere, *taire-taisir**.
Lucere, *luire-luisir**.
Nocere, *nuire-nuisir**.
Ardere, *ardre*-ardoir**.
Movere, *muevre*-mouvoir*.
Placere, *plaire·plaisir*.
Licere, *loire*-loisir*.
Manere, *maindre*-manoir*.

On voit que les formes en *ēre* ont disparu du français moderne ou n'y ont le plus souvent persisté qu'à l'état de substantifs (*loisir*, *plaisir*, *manoir*).

A ces formes déplaçant l'accent, nous pouvons ajouter : il-lum, *il*, illúm, *le* ; pálpebra *palpre*-paupiére*.

---

1. Le mot *ranz* (doublet de *rang*) n'est point rhétoroman comme je l'avais dit dans mon *Dict. des Doublets*; Tobler le considère avec plus de raison comme fribourgeois (cf. Bridel, *Glossaire du patois de la Suisse romande*, p. 313).

Fleurer n'est probablement qu'une simple corruption de *flairer* sous l'influence de *fleur*.

On trouve parfois deux modes de formation ; *cicer* peut ou garder le *r* final et donner le v. fr. *ceire* qui est dans le *Livre des Rois*, ou négliger cet *r* et donner *chiche*.

J'ai donné précédemment le catalogue d'un certain nombre de doublets produits par la présence simultanée de deux mots populaires qui coexistent à un degré de maturité et pour ainsi dire d'âge différent ; on peut y ajouter :

sigillum, *sceau-scel*.	Ciconia, *soigne*[r]*-cigogne*[2].
non, *në-non*.	Centesimus, *centième-centime*.
de-ex-rationare*? *déraisonner-déraisnier*.	Decimus, *dixième-décime*.
	Portatorem*, *porteur-porteux*.
reticellum ou retiolum, réseau-résille, réseuil ?	Millesimum, *millième-millime*.
	Falcatorem*, *faucheur-faucheux*.
palus, *pal-pieu* ?	Filatorem*, *fileur-filou*.
martellus, *martel*[1]*-marteau*.	De même pour *gabeleur-gabelou*,
secare, *scier-soyer, seyer* ?	*Violonneur-violonneux*.
inrotulare*, *enrôler, enrouler*	

On ne peut joindre à cette liste *baie*-bague : *baie* qui est un mot ancien vient de *bucca* par la disparition insolite de *cc* réduit à *c* puis à *i* (comme dans essu*y*er de excuccare, bra*ie* de bracca); bague (qu'on n'a point trouvé avant le xv⁰ siècle) vient de *bacca* sans que cette dérivation soit bien assurée. Le doublet proposé par G. Paris dans la *Revue Critique* « exclusa, *écluse*-exclue » n'est point admissible; «exclue» ne vient point de *exclusa;* il eût été

---

1. Dans l'expression *martel en tête*. On ne peut joindre *verrou* (de *veruculum*) et *vrille* (de *vericla**); *labour* (subst. verbal de *labourer*), et *labeur* (de *laborem*). — *Ajouter* (de *adjuxtare**) et *ajuster* (de *juste*) ne se doublent point. Il en est de même, comme l'a remarqué Tobler, de *émue* (vieux fr. *exmëue*, de *exmota**) avec *émeute* (vieux fr. *esmuete*, de *exmovita*, cf. Diez, *Etym. Wbch.*, v⁰ *mota*).

2. *Cigogne* que l'on trouve dès le xiii⁰ siècle est loin d'être une forme régulière et populaire ; le vieux français *soigne* persiste dans le dérivé moderne *soignole* (piston de pompe), du L. *ciconiola*. On trouve *ciconia* dans Isidore de Séville, au sens de bascule d'un puits, de perche mobile pour puiser l'eau, d'où l'espagnol *cigueña* (piston de pompe). On retrouve d'ailleurs *Soignole* dans plusieurs noms de lieux, que les anciens documents désignent par *Ciconiola*. Cf. Quicherat, *Noms de Lieux*, 81, 82.

au moins *éclose* dans la forme populaire (par le retour à *exclausa*),
ou dans la forme savante *excluse*, *s* médial ne disparaissant jamais;
excluse est encore dans Racine, *Bajazet*, 3, 3 : « Pourquoi de ce
conseil moi seule suis-je excluse? » A cette forme a succédé *exclue*,
forme française faite sur *exclu* [1]. Il en est de même du doublet
païen-paysan proposé par Max-Müller (*Lectures*, tr. fr. II, 349);
païen vient directement du L. *paganus*, tandis que *paysan* est un
dérivé français de *pays* (du L. *pagensis*); *paysan* qui correspond à
un type latin *pagensianus** ne peut pas plus se doubler avec
païen de *paganus* que *Chatenay* (de *castanetum*) avec *chataigne-
raie* (de *chataignier*), que *Quercy* (de quercinetum*) avec *chesnaie*
(de *chêne*).

Citons encore quelques doublets formés de mots également
anciens et populaires, soit d'origine latine :

Missa, *messe-mise*.	Foras, *fors-hors*.
Exaltiare, *exaucer-exhausser*.	Draconem, *dragon-estragon* [4].
Forum, *for*, *fur* [2].	Piperata, *purée-poivrée*.
Summum, *son-somme* (summa).	Persica, *pêche-presse* [5].
Testa, *tête-têt* (testum*).	Persica, *pêche-pers* [6].
Missum, *mis-mets* [3].	

Soit d'origine germanique :

V. h. a. Lisca, *laiche-lèche*.	Bordon, *border-broder*.
— Skalja, *écale-ecaille*.	Ledig, *lige-lège*.

1. Un autre doublet (proposé par le même auteur), *coton* (de l'arabe *kôton*) et
hoqueton (v. fr. *auqueton alqueton** de l'arabe *al-kôton*) ne peut être accepté
à cause de la présence de l'article dans un des termes du doublet; autant vaudrait dire que alcade et caïd, — abricot et précoce, — alguazil et vizir, —
alfange et cangiar, — forment des doublets ; dans ces limites, toute la langue
française passerait dans le présent dictionnaire. — *Chaînon* (de *chaîne*) et
chignon (de *catenionem**), — *reprocher* (de *repropiare**), et *rapprocher* (de
*re-adpropiare**) ne se doublent point.

2. Dans *au fur et à mesure*.

3. *Mets*, v. fr. *mes*, it. *messo*, angl. *mess*; on trouve dans le B. L. *misso-
rium* signif. un plat.

4. Cf. Diez, *Etym. Wbch.* s. v. *targone*.

5. *Presse* est en catalan *presseg*, forme qu conserve le *c* latin.

6. *Pers*, couleur de pêche, violet. G. Paris fait sur ce mot la juste remarque
que l'Académie s'est trompée en lui assignant pour signification : « couleur
entre le vert et le bleu. »

Tap (v. h. a. *zapf*) *tapon-tampon*. Skina, *esquine-échine*.
Waso, *vase-gazon*[1]. Ancha, *anche-hanche*.
Hring, *rang-harangue*. Nyck, *niche-nique*.

Si je n'omettais les doublets formés d'un nom propre et d'un nom commun, il faudrait citer ici *ladre* et Lazare, calicot et Calicut, gaze et Gaza, colonie et Cologne, *cravate* et Croate, *esclave* et Slave, *grièche* et grecque, casaque et Cosaque [2], *perronnelle* et Petronille ou Pernelle[3], séide et Saïd, *truie* et Troie, cabane et *Chavannes*, *hermine* et Arménie, *hongre* et Hongrie, etc.

CHAPITRE III.

DOUBLETS D'ORIGINE ÉTRANGÈRE.

§ 1. DOUBLETS D'ORIGINE PROVENÇALE.

Pilata[x] *pelée*-PELADE (pr. PELADA).

Quaterna[4], quaterne-CASERNE (pr. CAZERNA).

Carbonata, *charbonnée*-CARBONADE (p. CARBONADA).

Panata[x], *panée*-PANADE (pr. PANADA).

Papilionem[5], papillon-PARPAILLOT (pr. PARPAILLOUN).

Passata[x], *passée*-PASSADE (pr. PASSADA).

Radicem, *raïs*-RADIS (pr. RADITZ).

Focacia[6], *fouace*-FOUGASSE (pr. FOGASSA).

Catellus, *chael*-CADEAU (pr. CADEL[7].

1. On ne peut pas y joindre *grimper* et *griffer*, bien qu'ils proviennent du même radical germanique, sous des formes différentes : *gripper*, *grimper* viennent du goth. *gripan;* — *griffer*, du v. h. allem. *grifan*.

2. G. Paris. *Casaque* désigne au XVIe siècle le manteau des cavaliers.

3. S. Petronilla est au moyen-âge *S. Perronelle* qui s'est plus tard contracté en *Pernelle*.

4. Cf. sur ce mot la démonstration si décisive de G. Paris.

5. *Parpaillot*, qui signifie papillon, désigna les hérétiques par allusion aux bûchers où ils venaient se brûler.

6. Dans le terme de pyrotechnie *fougasse de poudre*.

7. Le v. fr. *chael* (petit chien) se retrouve aujourd'hui dans le patois tourangeau sous la forme *chiau*. — Depuis l'impression de ce travail, j'ai démontré (dans les *Mémoires de la Soc. de Linguistique*) que *cadeau* ne peut venir de *catellum*, mais de *capitellum*, et que le vrai doublet de *cadeau* serait *chapiteau*.

Bastita*, *bâtie*-BASTIDE (pr. BAS-TIDA).

Bastonata*, *batonnée*-BASTONADE.

Bitumen,bitume-BÉTON(pr.BETUN).

Laudemia*, *louange*-LOSANGE (pr. LAUZENGA [1]).

Rasata*, *rasée*-RASADE (pr. RAZADA).

Piperata*, *purée*-POIVRADE (pr. PE-BRADA).

Comitatus, *comté*-COMTAT (pr. COMTAT).

Rotare, *rouer*-RODER (pr. RODAR).

Rotulata*, *roulée*-ROULADE(pr. ROL-LADA).

Trovatorem*, *trouveur*-TROUBA-DOUR (pr. mod. TROUBADOUR.)

Juratus, *juré*-JURAT (pr. JURAT),

Muscata, *musquée*-MUSCADE (pr. MUSCADA [2]).

Catena,*chaine*-CADÈNE (pr.CADENA).

Muscatum, *musqué*-MUSCAT (pr. MUSCAT).

Vicarius, vicaire-VIGUIER (pr. VI-GUIER).

§ 2. DOUBLETS D'ORIGINE ITALIENNE.

Tous les doublets ci-dessous ne remontent pas au-delà du xve siècle :

barica*, v. fr. *barge*, *barche*-BARQUE (it. BARCA).

flebilis, *faible*-FLÉBILE (it. FLEBILE).

Scarp*, *écharpe*-ESCARPE (it. SCARPA).

Cuppulam, cupule-COUPOLE (it. CUPOLA).

caronia*, *charogne*-CAROGNE (it. CAROGNA) [3].

ar. cifran, *chiffre*-ZÉRO (it. ZERO).

turc dioûann, *divan*-DOUANE (it. DOGANA, DOANA).

barcarolla*, barquerolle-BARCAROLLE (it. BARCAROLLA).

caponem, *chapon*-CAPON (it. CAPPONE).

rota, *roue*-ROTE (it. ROTA).

solidare, *souder*-SOLDER (it. SOLDARE).

saltarella*, *sauterelle*-SALTARELLE (it. SALTARELLA).

thyrsum, thyrse, TORSE (it. TORSO).

caballus, *cheval*-CAVALE (it. CAVALLO).

1. Sur ce mot passé en français à l'époque de la poésie courtoise, voy. Diez, *Etym. Wbch.* s. v.

2. Muscade ne vient pas de l'italien, puisqu'on trouve déjà *noix mugade* au xiiie s. (I. Rom. de la Rose, v. 1343).

3. CAROGNE nous est venu au xvie siècle par la comédie italienne. L'ancienne forme picarde *carogne* que l'on trouve au xiie s. n'est pas employée au sens figuré.

pastillus, pastille-PASTEL (it. PASTELLO, petit pain de couleur broyée dans l'eau).

Du grec πύξος (buis), la forme πυξίς (boîte), d'où par le génitif πυξίδος le bas-latin *pyxida, puxida* que l'on trouve au VIIIe siècle sous la forme *buxida, buxda,* qui a donné d'une part le fr. *boiste, boîte,* — d'autre part l'italien *busto* (tronc humain par assimilation à un coffre) d'où, au XVIe siècle, le terme de sculpture *buste.*

Vertueux-VIRTUOSE forment-ils un doublet? Je le crois, sans l'affirmer. VIRTUOSE vient certainement de virtuosus qui est dans Prudence; mais pour se rattacher au même original latin, *vertueux* (qui est un mot populaire) devrait être *verteux*[1]; la présence de l'*u* français fait croire à la chute d'une consonne médiane qui persiste encore dans le provençal *vertudos*, du L. *virtutosus**.

On ne peut joindre à cette liste *croissant*-CRESCENDO, le premier venant du L. *crescentem*, et le second étant une forme de gérondif. Enfin Diez ayant remarqué que *tiois* ne peut venir de theotiscus[2], ce mot ne forme point un doublet avec TUDESQUE venu de l'it. TEDESCO (L. theotiscum).

§ 3. DOUBLETS D'ORIGINE ESPAGNOLE.

Juncta, *jointe*-JUNTE (esp. JUNTA).
salata, *salée*-SALADE (esp. SALADA).
graecas, grecques-GRÈGUES (esp. GRIEGOS, GREGUESCOS).
indicum, indique-INDIGO (esp. INDIGO).
pedonem, *pion*-PÉON (esp. PEON).

On peut y joindre ALGUAZIL-ARGOUSIN, dont le dernier terme (écrit au XVIe siècle *algosan*) est une corruption du premier.

Le portugais nous a fourni le doublet: materia, matière-MADÈRE (les navigateurs qui découvrirent cette île en 1419 lui donnèrent le nom de *Madeira* à cause des bois dont elle était couverte): le portug. *madeira* vient du L. *materia* (au sens de bois de charpente).

---

1. Par la réduction régulière de l'hiatus *uo* à *o*: *duos, dos, deux*; — *suos, sos, ses*, etc...

2. A cause de la forme féminine *tioise* qui eût été *tioische* venant de *theotisca; tiois* dérive d'un type *theotensis**.

§ 4. DOUBLETS D'ORIGINE ANGLAISE.

Outre coquus, *queux*-COQ (angl. COOK), et Missum *mets*-MESS
(angl. MESS) [1], on peut ajouter aux doublets précédemment cités
des formes telles que *bœuf rôti* qui correspond à ROSBIF (de l'angl.
ROSTBEEF qui est pour *roasted beef*), —VERDICT (du L. *verè dictum*)
correspondant au français *voire dit*.

§ 5. DOUBLETS EMPRUNTÉS A D'AUTRES LANGUES.

Aux doublets allemands, nous pouvons ajouter « speculum-
ESPIÈGLE » [2].

Aux doublets sémitiques [3] *échec*-SCHAH, — et aussi *gabelle*-
CABALE (que Dozy identifie dans la nouvelle édition du *Glossaire*
d'Engelmann, p. 75, s. v. *alcabala*).

1. Le doublet « mensa, mense-MESS », donné dans le *Dict. des Doublets*,
est faux.

2. On sait que le L. *speculum* a donné l'allemand *Spiegel* (miroir). Pour
le rapport de *Spiegel* au français *espiègle*, voy. mon *Dictionnaire Etymologique*.

3. C'est à tort que M. G. Paris, dans la *Rev. Crit.* (l. c.), place « gehenna
géne-géhenne » dans les doublets d'origine sémitique ; dans un Dictionnaire
de Doublets français, ce mot qui est dans Tertullien et dans la Vulgate et
vient directement du grec γέεννα (transcrit par les Septante de l'hébreu
gehinnom) doit nécessairement être placé dans les mots d'origine latine ;
autant vaudrait dire que nous avons en français des doublets aryens.

Nogent-le-Rotrou, imprimerie de A. Gouverneur.

APPENDICE.

ÉTYMOLOGIE DE *CADEAU*.

(Voy. ci-dessus, p. 13, note 7).

On sait quelle est l'étymologie reçue de ce mot : « traits enchaînés ou entrelacés dont les maîtres d'écriture ornent leurs modèles ; puis, par extension, choses inutiles et de pure fantaisie, puis divertissements, et enfin *don*. Au sens de traits d'écriture entrelacés, *cadeau* vient du L. *catellus*, diminutif de *catena* (chaîne). » Ménage est l'auteur de cette étymologie, qui depuis a été reproduite sans discussion par Diez, Schéler et Littré.

Avant d'en rechercher l'exactitude, voyons, par les anciens dictionnaires, quel est le sens originaire du mot *cadeau* :

En 1549, R. Estienne donne le mot dans son *Dict. fr.-latin* : « CADEAU, *cadeler des lettres.* »

En 1604, Nicot, dans son *Thrésor* : CADEAU *est une grande lettre capitale... Litera majuscula.* CADELER *est faire un cadeau.* »

En 1655, Borel, dans ses *Antiquités gauloises* : « CADEAU... *grosse lettre ; paraphe ;... ornements que les maîtres d'écriture mettent autour de leurs exemples.* »

En 1681, Richelet, dans son *Dictionnaire* : « CADEAU, *traits de plume des maîtres d'écriture ; — 2° chose spécieuse et inutile* : faire des cadeaux ; — 3° *grand repas*, donner des cadeaux aux dames. » On voit ici la transition de sens nettement marquée. Le dernier sens de repas, de fête, particulièrement de fête donnée aux dames, est très-fréquent dans Molière (voy. *Lexique* de Génin), et Lafontaine (dans ses Lettres, XXI) : « Dieu me gard de feu et d'eau, De mauvais vin dans un *cadeau*, De maîtresse ayant trop d'esprit.... ». Le sens de *don* n'apparaît pas encore : M. Littré sous la rubrique : *Don, présent que l'on fait à quelqu'un*, prétend l'avoir trouvé dès 1685, et cite cet exemple d'une comédie de Montfleury (*Femme juge et partie*, 3, 2. en 1685) : « Quoi ! parce que des sots se piquent du *pompeux appareil* d'un *cadeau nuptial*, il faut faire comme eux. » On voit qu'ici le mot ne signifie point présent, don, mais fête de noces. D'ailleurs ce qui rend l'hypothèse de M. Littré peu probable, c'est que les dictionnaires postérieurs ne font jusqu'en 1762 aucune mention du sens de don, de présent. (L'*Académie* de 1694, 1718, 1740, le *Furetière* de 1690, le *Trévoux* de 1704, 1743 se bornent à reproduire le sens donné par Richelet en 1681.)

En résumé la série des sens est celle-ci : lettres *majuscules* et ornées, puis ornements d'écriture (paraphes et enchaînements de traits), d'où le sens de futilités et superfluités ; puis de divertissements offerts aux dames; postérieurement présent fait aux dames, et enfin présent en général.

Le sens primitif de *cadeau* ou *cadel* étant lettre majuscule, on voit que le mot n'a rien à faire avec *catellus*, qui signifie une petite chaîne. Les majuscules sont désignées sous le nom de *capitaneæ* dans le recueil de Lachmann, *Gromatici veteres*, Berlin, 1848, p. 362. Eckehardus junior (*De cas. S. Galli.* ch. I. d. DC.) les appelle *capitulares*. Le sens de *tête* du mot étant l'idée principale de ces dénominations, je tire *cadel* d'un mot analogue, *capitellum* (diminutif de *caput*) qui est dans Végèce et St Jérome. *Capit*ellum donne *cadel* comme *capit*astrum* donne *cadastre*, comme *capit*ettum* donne *cadet*, par l'influence provençale; d'autre part, le L. *capitellum* donne la forme savante *chapitel* (aujourd'hui *chapiteau*) dont Littré ne cite pas d'exemples antérieurs au xve siècle, et qui eut été *chatel* dans le français populaire [1]. — D'où finalement le doublet : *capitellum*, chapiteau-CADEAU.

1. *Capitellum* a donné au français populaire *chadel*, que l'on trouve au sens de *capitaine*, dans la *Chronique des Ducs de Normandie*, I, 279, v. 5636 : Dunt si s'esteient esloignié E departi de lur *chadel*, De Roù le buen, le proz, le bel.

Quant au changement de *t* latin précédé d'une consonne en *d*, on retrouve cette permutation irrégulière dans *cuider* (*cog'tare*), *aider* (*aj'tare**), *malade* (*male-aptus**; aussi *ate** il est vrai); il faut supposer que dans ces mots le *t* s'était déjà changé en *d* dans le latin vulgaire, comme le prouve la forme connue *didus* (Loi Salique, édit. Pardessus, p. 351) pour *dig'tus*.

Du substantif *chadel* est venu le verbe *chadeler* (conduire, diriger), qui s'est transformé en *chaeler* (Chron. de Jordan Fantosme, XXII, v. 3), par la chute du *d* que le français a traité comme un *d* latin médial.

CORRECTIONS.

P. 2, l. 2. *Aiguière* vient en réalité de *aquaria*. Mais je le place sous la rubrique *aquarium*, avec ce sous-entendu (que l'on retrouvera plusieurs fois dans ce *Supplément*, ainsi que d'autres abréviations élémentaires).

P. 11, l. 12. Supprimer *decimus, centesimus, millesimus* et les dérivations qui les suivent. *Decima, centesimum, millesimum* n'ont pu donner en français que *dîme, centième, millième; dixième* est un dérivé français de *dix*, et n'a pas de rapport avec *decimum*. Quant à *décime*, c'est une forme savante de *decimum*, d'après laquelle les inventeurs du Système Métrique ont forgé par analogie *centime* et *millime*. Supprim. aussi les lignes 2 et 3 de la p. 2.

P. 12, l. 15. Ajoutez : fallere-*faillir*, *falloir*; manducare-*manjuer**, *manger*.

INDEX.

procurateur, 4.
procureur, 4.
pulsatif, 4.
purée, 2, 12, 13, 14.

Q.

quaterne, 2, 4, 13.
questeur, 6.
quêteur, 6.
queux, 16.
quintaine, 2, 6.
quintane*, 2, 6.

R.

RADIS, 13.
rais, 13.
rang, 2, 10, 13.
RANZ, 2, 10.
rapprocher, 12.
RASADE, 14.
rasée, 14.
récuser, 4.
refuser, 4.
replier, 2.
répliquer, 2.
reployer, 2.
reprocher, 12.
requiem, 4.
requin, 4.
réseau, 2, 11.
réseuil, 2, 11.
résille, 2, 11.
RÔDER, 14.
rogations, 5.
romain, 6.
roman, 6, 10.
romance, 10.
ROSBIF, 16.
ROTE, 14.
rôti, 16.
roue, 14.
rouer, 14.
ROULADE, 14.
roulée, 14.
rouvaisons, 5.
ruser, 4.

rustique, 3.
rustre, 3.

S.

SALADE, 15.
SALTARELLE, 14.
salve, 6.
saponaire, 5.
sauf, 6.
sauterelle, 14.
savonnière, 5.
sceau, 11.
scel, 11.
SCHAH, 16.
sciante, 4.
scier, 11.
scintiller, 6.
scolastique, 3.
sécante, 4.
seiche, 2.
séide, 13.
serin, 6.
seyer, 11.
sirène, 6.
sixte, 2.
slave, 13.
soigne, 11.
soignole, 11.
SOLDAT, 2.
SOLDER, 14.
somme, 12.
son, 12.
souder, 14.
souef, 6.
soyer, 11.
spéculum, 16.
spirite, 2.
stipule, 3.
stipuler, 4.
suave, 6.
suçon, 5.
suction, 5.

T.

tac, 6.
tact, 6.

taire, 10.
taisir, 10.
tampon, 13.
tapon, 13.
ténu, 3.
tenve, 3.
tét, 12.
téte, 12.
thyrse, 2, 6, 14.
timbre, 2.
tiois, 15.
TORSE, 2, 14.
trou, 2, 6.
TROUBADOUR, 14.
trouvère, 10.
trouveur, 10, 14.
truie, 13.
tudesque, 15.

U.

Union, 5.

V.

variole, 6.
vase, 13.
venteux, 2.
VERDICT, 16.
vérole, 6.
verrou, 11.
vertueux, 15.
vicaire, 14.
victuaille, 5.
VIGUIER, 14.
violonneux, 11.
VIRTUOSE, 15.
vitaille, 5.
VIZIR, 12.
vœu, 2.
voire, 16.
vote, 2.
voto (ex), 2.
vrille, 11.

Z.

ZÉRO, 14.

TABLE DES MATIÈRES.

Nogent-le-Rotrou, imprimerie de A. Gouverneur.

www.ingramcontent.com/pod-product-compliance
Lightning Source LLC
Chambersburg PA
CBHW052151090426
42741CB00010B/2224